湛庐 CHEERS

与最聪明的人共同进化

HERE COMES EVERYBODY

Blockchain

〉荷兰 　　　〉澳大利亚
马克·冯·里吉门纳姆　菲利帕·瑞安 著　李玮 译

区块链蓝图

天津出版传媒集团

天津科学技术出版社

上架指导：科技趋势 / 区块链

Blockchain: Transforming Your Business and Our World
Copyright © 2019 by Dr. Mark van Rijmenam and Dr. Philippa Ryan
All rights reserved.

本书中文简体字版由作者授权在中华人民共和国境内独家出版发行。未经出版者书面许可，不得以任何方式抄袭、复制或节录本书中的任何部分。

天津市版权登记号：图字 02-2020-64 号

图书在版编目（CIP）数据

区块链蓝图 /（荷）马克·冯·里吉门纳姆,（澳）菲利帕·瑞安著；李玮译. -- 天津：天津科学技术出版社, 2020.7

书名原文：Blockchain
ISBN 978-7-5576-8265-1

Ⅰ.①区… Ⅱ.①马… ②菲… ③李… Ⅲ.①电子商务—支付方式—研究 Ⅳ.① F713.361.3

中国版本图书馆 CIP 数据核字（2020）第 115195 号

区块链蓝图
QUKUAILIAN LANTU
责任编辑：吴文博
责任印制：兰　毅

出　　版：	天津出版传媒集团
	天津科学技术出版社
地　　址：	天津市西康路 35 号
邮　　编：	300051
电　　话：	（022）23332377（编辑部）
网　　址：	www.tjkjcbs.com.cn
发　　行：	新华书店经销
印　　刷：	石家庄继文印刷有限公司

开本 710×965　1/16　印张 16.75　字数 201 000
2020 年 7 月第 1 版第 1 次印刷
定价：89.90 元

版权所有，侵权必究
本书法律顾问　北京市盈科律师事务所　崔爽律师
　　　　　　　　　　　　　　　　　　张雅琴律师

推荐序

区块链是我们可持续发展的最终答案

帕特里克·M. 伯恩（Patrick M. Byrne）博士
Overstock.com 创始人兼前 CEO

我们的社会中出现贫穷和冲突的一个主要原因，就是在将资源转化为资本的过程中，总会出现中间人的不良行为（例如企业恶行）。作为经济学家兼创业者，我非常看好区块链在封堵这种结构性漏洞方面的潜力。

2015 年 9 月，全球 150 多位国家领导人齐聚纽约联合国总部，参加"可持续发展峰会"。在这次会议上，国际社会和各国政府纷纷表示，应该开始采取行动，为全世界谋福祉，促进全人类的共同繁荣。联合国希望到 2030 年消除贫困现象，但问题在于：我们应该怎么做？

在 2017 年 9 月上海举办"第三届全球区块链峰会"期间，我首次听说了《区块链蓝图》一书。在做完主题

区块链蓝图 Blockchain

演讲之后，我参加了由一家赞助商举办的午餐会。坐在我旁边的便是这部精彩作品的作者之一——马克·冯·里吉门纳姆（Mark Van Rijmenam）。我们讨论了基于区块链的商业解决方案和公益体系如何解决作者所说的世界上的某些"恶劣"问题。马克·冯·里吉门纳姆和菲利帕·瑞安（Philippa Ryan）基于解决这些问题的精神撰写了本书。两位作者聚焦于联合国17个可持续发展目标中的6个，提出了基于区块链在商业上可行的解决方案。

从一开始，这本书就明确了它的意图：针对全世界最复杂的一些问题，用区块链技术找到解决方案。两位作者从文化和哲学高度去剖析区块链的本质，并从促进民主发展的积极愿景出发，探讨了先进的分布式账簿技术如何为社会谋福祉。他们还列举了具有说服力的案例，解释了区块链技术如何满足商业和产业需求。在所有解决方案中，里吉门纳姆和瑞安都明确指出，可持续发展的关键在于能确保透明度的公平贸易、媒体报道和金融普惠。确实，当前这个时代，在我们生活的星球上，面对身份信息被盗、身份伪造及不良数据等问题，无人能置身事外。

《区块链蓝图》这本书既可以作为有用的参考资料，也可以视为行动号角，令人耳目一新。对政府、企业、产业和研究领域的人来说，本书是一次对区块链技术的深入洞察，让区块链技术某些相对复杂的特性变得易于理解。对技术专家来说，本书为他们的工作指明了方向，同时也详细解释了在深受腐败、政治动荡和自然灾害等问题困扰的国家中，无法获得银行服务、找不到工作、流离失所的人们有哪些"沉默的期望"。正是这些人构成了新的潜在的消费市场，并且渴望在世界上发挥自己的创造性潜力。

正如联合国呼吁全球领导人共同实现 17 个可持续发展目标一样，《区块链蓝图》这本书也在呼吁那些致力于达成这些目标的人去思考，像区块链这样的新技术能够如何协助实现这些目标。对于区块链技术的变革潜力，本书是一份全面的指南。

前言

为世界绘制美好蓝图

区块链正变得日益重要。越来越多的组织领导者正在探索这项革命性的新技术对他们的业务意味着什么。知名风险投资公司安德森-霍洛维茨的合伙人马克·安德森（Marc Andreessen）认为，区块链是一项与互联网同样重要的发明。区块链正在迅速改变金融服务、供应链网络、监管体系、政府行为、服务提供商和其他产业。然而，区块链影响的不仅仅是我们这个世界的商业，这项全新的技术也将推动网络的民主化，让许许多多（即使不是全部）的在线服务实现去中心化。去中心化的全球网络正是互联网的初心，但不知何故，在过去的近30年时间里，互联网的控制权落入了几家巨头公司的手中。区块链带来了我们盼望已久的范式转变，让我们可以创造更美好的去中心化世界。

区块链蓝图 Blockchain

关于区块链技术如何为所有人创造更美好、更公平的世界，本书提供了一份蓝图。如果世界能建立在点对点交易的基础上，那么权力将回归用户，而用户将重新取得独立性。无论在发达经济体还是发展中经济体，区块链都可以通过同样的方式提高交易的速度和效率，并确保监管的合规。一个分布式、去中心化的世界削弱了各类以收取手续费为生的中介机构的控制力。在人类历史上，我们将首次看到一种数字技术真正为所有人创造出一个更美好的世界：区块链有助于缓解气候变化带来的影响；给贫困人群提供改善生活的机会，让他们用数字资本去取得收入，减少金融交易中的不便；降低进入金融体系的门槛；消除贫困问题。对于投票舞弊、审查、逃税、腐败、洗钱和恐怖主义融资、黑市经济、难民危机、法律规则以及身份信息盗用等社会问题，区块链可以带来积极的影响，并在全球范围内推动更透明的公平贸易。除改善弱势群体的生活条件之外，这项新技术还将助力发展中经济体的商业行为，包括优化供应链、物流系统，帮助进行身份验证、优化数字签名、支付系统、公司治理、保险业、医疗服务，以及实现商品溯源等。

《区块链蓝图》这本书将为解决全球性问题提供可操作的解决方案，同时指出社会公义面临的法律障碍，以及在既有系统中应用区块链的难点。本书提供了多个案例，介绍了创业公司如何以去中心化、分布式的方式来变革当前业务的实践，帮助读者更清晰地理解区块链在创造更美好的世界方面的可能性。两位作者深入探讨了加密货币、通证和分布式点对点网络，试图解释区块链在构建更公平、更普惠的世界中将会如何发挥关键性的作用。

前　言　为世界绘制美好蓝图

目前，全球正在努力推进"联合国 2030 年可持续发展议程"，而区块链带来了一劳永逸的新机会。本书描绘了更美好的世界蓝图，通过易于理解的案例，分享了区块链推动业务转型的路径，并展示了区块链将如何解决互联网的缺陷与不足。对关心全世界或自己业务的人来说，这是一本必读之书。

扫码下载"湛庐阅读"App，
搜索"区块链蓝图"，
了解更多关于区块链及其应用的内容。

目录

推荐序　区块链是我们可持续发展的最终答案　I
前　言　为世界绘制美好蓝图　V

第一部分　区块链是什么

01　为什么选择区块链　003
区块链，一场真正的去中心化革命　005
关乎世界可持续发展的大问题　007
共识与不可篡改，区块链的核心文化　011
六大"恶劣"问题　013

02　重新认识区块链　019
区块链，本质上是一个分布式账簿技术　021
区块链的关键元素1：加密原语　025
区块链的关键元素2：共识机制　027
区块链的关键元素3：交易　031
区块链的关键元素4：智能合约　032

重新设计社会运行和做生意的方式　035

首次币发行，企业的最新融资方式　040

三大区块链平台　046

区块链需要解决的五大挑战　049

与风险相关　054

去中心化的分布式社会　058

第二部分　区块链的六大应用场景

03　自主主权身份，破解身份盗用难题　065

身份信息系统缺陷，造成被盗用的人生　067

认知身份：了解你自己　070

身份面临的三大挑战　077

不可篡改，可追溯、可验证的区块链身份　083

自主主权身份的5P优点　090

重新掌控你的社交媒体身份　093

自主主权身份的两大缺点　096

自主主权身份面临的四大挑战　096

自主主权身份的应用案例　098

04　普惠金融服务，消除世界贫困　111

贫困加剧贫困　114

缺乏监管但体量巨大的非正规经济　116

只要下载免费应用，就可自由参与国际金融　117

目 录

    盒中农场：贫困人群的健康和营养 119

    更高质量的个性化医疗服务 121

    让所有人都更轻松地获得教育机会 124

    不可逆的所有权记录 128

    人人都可享受普惠银行服务 129

    用法治减少不确定性 131

    为贫困群体提供去中心化的身份 132

05 停止现金流通，一网打尽腐败、逃税和洗钱 135

    现金的困境 140

    影子经济，普遍存在的地下生产活动 142

    洗钱与反向洗钱 143

    违法商品和假货的贸易 144

    客观认识腐败 144

    越来越有"创意"的逃税方式 145

    "秘密"的避税天堂 146

    福利诈骗 148

    堵住税收缺口的传统方法正在失效 150

    停止现金流通 152

    利用区块链堵住税收缺口 154

06 去中心化能源交易，应对气候变化危机 161

    飓风"桑迪"让纽约 220 万人的生活陷入停滞 166

    全球首次点对点能源交易 168

    清洁能源科技，让能源生产去中心化和迅速数字化 171

无须建立信任，让能源交易自由进行 172
物联网，实时优化能源消费、需求和分配 176
去中心化能源的未来 180

07 智能合约，使供应链更公平地分配财富 185
以区块链认识贸易公平性 187
不公平的公平贸易 188
更自由的市场 VS. 更公平的市场 190
实现公平贸易的三大关键 191
支付公平的价格 193
标准和认证，支撑公平贸易的主要工具 193
无法兑现的最初的承诺 196
及时与全面地看到交易活动的全貌 196
溯源验证，实现对材料与产品的追踪 198
交易的验证和监控 198
确保及时付款 199

08 流动式民主，从民主 1.0 到民主 2.0 205
民主的两种形式 208
民主投票最关键的三个保障 210
区块链，民主 1.0 到民主 2.0 的进阶核心 210
流动式民主的优点：任何人都可以成为代表 213
直接投票和委托投票将成为可能 213
如何迈向流动式民主 215
如何实现流动式民主 217

结　语　指数级发展技术共同驱动的未来　221
术语表　241

第一部分

区块链是什么

读懂区块链

1. 随着技术的不断创新，我们有机会创造出一个科技向善、确保消费者隐私权受到尊重的世界，一个数据为个人所有，同时用于造福全人类的世界，以及本质上，一个对所有人都更加美好的世界。未来，一切的关键在于算法、机器学习、大数据和人工智能。

2. 区块链技术的潜力将协助建设迄今为止最强大、最先进的追溯和透明度系统。区块链技术可以为数据使用提供额外的验证和透明度机制，从而确保决策者基于准确可靠的信息来制定政策。

3. 区块链是一种共享、去中心化的公开或私有账簿，针对所有权的真实情况给出了统一信息。作为一种分布式账簿，区块链使用数据库技术来记录，并维护不断增加的永久数据记录列表。这些数据记录不可篡改、不可逆，并且可以验证及追溯。

01

为什么选择区块链

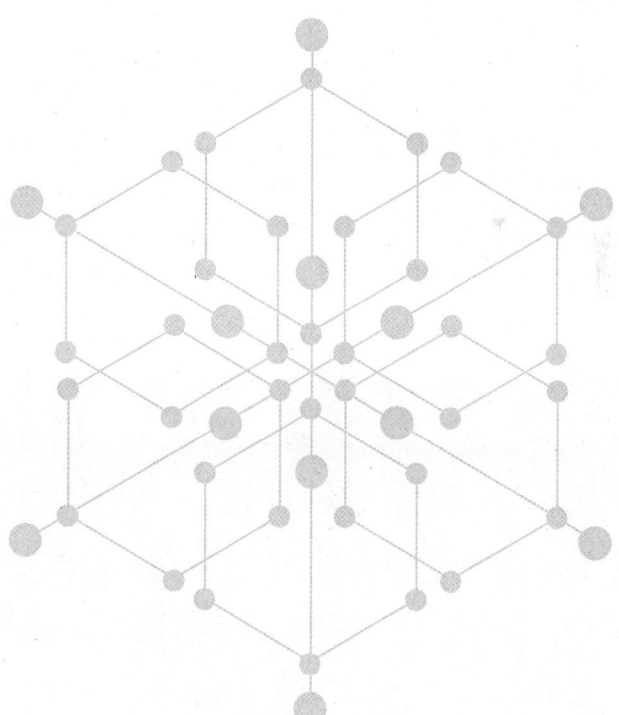

Blockchain

问题(Problem):

很难实现或
达成的事。

区块链，一场真正的去中心化革命

我们生活在一个快速变革的时代，今天的世界正以前所未有的速度演变着。在 19 世纪末到 20 世纪初的这段时间里，技术发生巨变，人口重新聚集至各个城市化中心。当时，转变的动力是大规模的基础设施建设，运河与铁路连接了城市和港口，拉近了农业生产者和矿业劳动者的差距。电报电缆的铺设和飞机的发明，使得人类彼此之间的通信方式发生了天翻地覆的改变。在 21 世纪的今天，新科技正在推动我们的生活、工作和社交方式发生更巨大的转变。这些发展和创新改变了商品和服务流通、业务运行以及资金支付的传统方式。

如果近代史可以作为参考，那么在可预见的未来，我们似乎将会以前所未有的速度继续演变。实际上，就连"人类是什么"的定义甚至也可能会改变。自动化处理、数据和物联网的发展已经改变了我们存储信息、记忆以及重现记忆的方式。决策变成了人类和机器共同完成的过程。随着技术的不断创新，我们有机会创造出一个"科技向善、确保消费者隐私权受到尊重"的世界，一个数据为个人所有，同时用于造福全人类的世界，以及本质上，一个对所有人都更加美好的世界。未来，一切的关键在于算法、机器学习、大数据和人工智能。之所以会发生这样的改变，是因为我们取得了机器人技术、3D打印、增强现实、纳米科技和量子计算等技术的进步。我们将看到，各个层面的技术颠覆将带来系统性的创新，从而在短短几年内给一个行业带来革命。

区块链技术将推动网络的去中心化，并推动许许多多（即使不是全部）的在线服务实现去中介化。最初设想中的互联网是去中心化的网络，但在过去的25年里，互联网落入了少数几家巨头公司的手中。正如蒂姆·伯纳斯-李（Tim Berners-Lee）在2016年"去中心化网络峰会"上所说：

> 网络最初的设计是去中心化的，这样每个人都可以通过自己持有的域名和服务器参与其中。然而，这未能成为现实。恰恰相反，目前个人数据被锁在一个个封闭的孤岛里。

令人感到幸运的是，区块链将帮助用户重新掌握权力，发展去中心化的社会。区块链已经给多个行业带来挑战，其中，金融服务业将在未来几年时间里受到最明显的影响。这种局面必然会引出这样一个话题：区块链将如何影响其他全球性问题？

关乎世界可持续发展的大问题

尽管全球政府和非政府组织做出了最大的努力，但人口快速增长、贫困、气候变化与政治冲突等问题仍在继续加剧人类的流离失所的状况，并使各种痛苦持续增加。根据世界银行2017年发布的统计数据，全球10.7%的人口日均收入不超过1.9美元。只有64%的男性拥有金融机构账户，而在15岁以上人口中，这个数字更低，只有57%。1960—2015年的55年时间里，二氧化碳排放量翻了两番。全球仍有15%的人口没有获得供电，而多达56%的人口尚未使用互联网。

长期以来，人们普遍感觉到，在某些国家，推动经济发展的努力会受到某些官员以权谋私行为的阻碍。这些官员往往会基于自身的直接利益制定公共政策。腐败现象拉低了经济增长和税务系统的合规率，导致了更严重的收入不平等和贫困。由于腐败的存在，政府在分配重要资源，例如教育、卫生、社会保障、福利住房和社区设施过程中发挥的作用大大降低了。腐败与社会问题之间存在直接的因果关系，因此减少腐败现象将有助于消除贫困及相关问题。

根除腐败并非易事。腐败是制度力量薄弱的表现，同时会拖累经济增长。出于这样的原因，许多援助组织派遣自己信任的人亲自去救灾。然而，这些措施并没有解决持续存在的文化和环境问题。如果想要实现有意义的长期转变，那么这些文化和环境方面的问题必须得到解决；其中的关键因素之一在于法治，引入法治有助于打击腐败。

法律应当提供对基本人权的充分保护。《联合国宪章》中 7 次提到"人权"一词。在联合国国际组织会议结束后,这份宪章于 1945 年 6 月 26 日在旧金山签署。宪章的第一条表明了联合国的宗旨,并指出其目标之一是推动国际合作,解决经济、社会、文化或人道主义方面的国际问题,以及无论种族、性别、语言和宗教,促进和鼓励对全人类人权和基本自由的尊重。1958 年,《世界人权宣言》将人类的尊严和公平纳入国际法范畴。随后,联合国通过法律文书和实地活动的开展尽力保护人权。《联合国宪章》所定义的人权目前仍然是联合国的主要宗旨和指导原则。

《世界人权宣言》是第一份保护普遍人权的法律文件。宣言中提出的权利包括同工同酬权、隐私权、自由迁徙和居住权、思想自由和言论自由权、离开和返回任何国家的权利、国籍权、拥有财产的权利、集会和结社自由的权利,以及对母亲和儿童的特别保护的权利。70 年之后,由于全球人口的增长以及自然资源的稀缺,这些普遍权利中有多项都还未得以实现。

70 多年前,全球人口不到 25 亿。目前,这个数字已增长到当时的三倍。1948 年,也就是联合国发表《世界人权宣言》的当年,全球人口的平均寿命预期只有 45 岁,而目前这个数字上升到 65 岁。从 1950 年开始,由于死亡率下降,全球人口快速增长。1950—1965 年是全球人口增长速度最快的时间段,随后由于避孕措施的普及而逐步放缓。然而,由于全球有 75 亿人主要生活在城市地区,为地球人口提供食物和住房的压力达到了前所未有的高度。环境与和平之间的关系从未像现在这样脆弱。

已经有强有力的证据表明，气候变化可能会导致贫穷和人类的不安全。人类发展的许多重要方面实际上与人类安全息息相关。"人类安全"可以在广义上定义为使人们免于恐惧和匮乏的自由。长期以来，人类安全总是与气候联系在一起，这是因为气候变化造成的资源匮乏会引起恐惧和冲突。气候安全关注个人和社区的需求，关注免于恐惧、免遭伤害的愿望。人类需要有能力面对任何突如其来的伤害。

目前，与气候变化有关的人类安全和冲突问题越发突显。气候问题已成为重中之重，并且有关人士正通过会议、报告和政策调整等各种形式去解决该问题。在对气候变化相对敏感的经济体中，社会生活将受到最严重的影响。因为在这些国家，气候变化形成了"威胁倍增器"，在现有基础上带来了更大的压力。由于气候变化的地区性影响，例如干旱和荒漠化，可获得的资源正快速减少，这导致了对资源争夺的加剧。气候灾害因全球变暖而变得越来越频繁和剧烈，某些已经处于困境中的社会将受到进一步的破坏，从而更容易出现政治不稳定。因此，全球变暖可能会直接造成更多的冲突。正是这些问题驱使联合国设立可持续发展目标。

联合国成员于2015年9月通过了"联合国可持续发展目标"。在最初起草时，这是为了应对17项全球挑战，以保护地球，应对气候变化。在此之后，目标总数逐步增加到22个。其中的首要目标是解决贫困问题、饥饿和粮食安全问题、健康问题、水和卫生问题。其他目标包括高质量的教育、创新、减少不平等、可持续发展的城市和社区、强有力的和平和正义机构，以及负责任的生产和消费。如果想要以公平和透明的方式实现其中的某些目标，区块链技术可以发挥重要的作用。例如，本书将探讨对于那些生产与分配食物和资源的人，分布式账簿如何确保透明度，从而支持公平贸易。

同时，坚持行为的道德标准，让不符合标准的人承担责任，这样的机制将激励人们尊重法治。当然，媒体和历史学家有责任准确、大胆地报道所看到和听到的真相。长期以来，清晰而明确的道德标准在工程实践中发挥了关键作用，近年来也拓展到计算机科学家的工作中。在电气和电子工程师协会（IEEE）的管理下，为科学技术确立伦理基础这一做法可以追溯到19世纪70年代末，即电灯和电话发明的时候。电气和电子工程师协会的使命指出，其核心目标是促进技术的创新和进步，造福人类。值得注意的是，电气和电子工程师协会于2017年11月审核了协会纲领中的"道德守则"，根据联合国可持续发展目标做了重新修订。针对160个国家的43万名成员，修改后的政策规定：成员应当统一将公众的安全、健康和福祉放在首位，努力实现符合伦理道德的设计，开展可持续发展的实践。科技发展在复杂的现代社会为确保社会稳定，推进形成和平的且相互尊重的公开讨论氛围发挥着重要作用，因此科技发展的目标结构必然与社会稳定及文明息息相关。这项政策印证了这一点。

在要求各方承担起相应责任的过程中，技术发挥了重要的作用。区块链有可能会发挥重要的作用，让法律规则更容易解读，从而在特别容易被滥用的现有系统中扎稳根基。

简单来看，区块链技术在监控与报告交易和数据方面展现了无限潜力，它可以优化我们的在线业务、个人关系和互动方式。关于区块链如何应用于信息传播和信息验证，同时保护信息免受操纵和控制等方面，本书给出了实践者的案例。区块链技术关于追踪、监控和验证的能力将为其所管理的程序与信息带来积极的影响。区块链的底层技术可以在缺乏信任的领域建立信任，在发生冲突和动荡的情况下协助实现安全的金融交易和信息交换。

共识与不可篡改，区块链的核心文化

区块链技术的核心是共识与不可篡改。分布式网络中的参与者能够验证并确认其他用户的交易和信息交换，由此形成的社区特别重视自身的价值和信誉。分布式系统中的信誉管理是支持区块链应用的最重要的协议之一。尽管在防止参与者注册欺诈方面，区块链的信誉系统存在局限性，但在检测参与者的欺诈活动时功能却非常强大。正因如此，区块链的许多支持者都认为，第一要务是要解决如何对身份证明进行数字化验证，随后才是对工作量证明的验证。

信誉系统应当植入区块链协议，或建立在区块链协议之上，以确保人类和机器组成的点对点生态可以持续应对有策略的恶行者。需要指出的是，截至本书写作时，区块链技术已经有能力更好地检测出会误导参与者的虚假信息。正是基于这样的原因，区块链技术的支持者才认为，在推动供应链业务、智能合约以及对信任和治理协议形成依赖之前，应当首先制定关于身份验证的解决方案。目前，相对于找到应当承担责任的欺诈者而言，欺诈行为的检测更容易。区块链的加密机制使数字网络中的用户有能力对交互方式和内容进行评价，并选择纳入或摒弃。从本质上看，这意味着社会活动和社区的价值观可以被技术所"观察"，反过来又为网络提供了文化层面的支持。

在解决联合国可持续发展目标所指出的问题的过程中，必须采取大众认可的集体行动，是我们面临的重大障碍之一。因此，这需要由非政府组织或政府来协调。无论是哪种方式，资金保障都很重要。为了筹集资金来解决这些问题，负责筹资的机构必须值得信任。然而，当今人们对机构的信任度正处于历史低点。在2008年全球金融危机爆发之后，多国政府的应对方式遭到了批评，人们对一些政府最终决定帮助有问题的企业，而不是将造成经济崩溃的始作俑者绳之以法的做法非议颇多。

与此同时，全球化趋势推动了廉价制造业和食品生产向发展中国家的转移，这导致发达经济体的相关企业濒临破产。由此引发的失业问题和日益扩大的贫富差距被认为是促使英国脱欧的原因之一。当美国国会试图取消"奥巴马医改"，剥夺美国数百万人的医疗保险之时，复杂的离岸金融结构造成的企业税收缺口也正在扩大。美国最新的年度税收缺口估计为4 060亿美元。在澳大利亚，2016年的税收缺口大约为38亿美元。由于税收掌握在受立法监管的政府部门和银行系统手中，因此可以理解，为什么对经济困境的负面情绪矛头直接指向了政府。

六大"恶劣"问题

在《区块链蓝图》这本书中,我们提出了区块链技术解决所谓"恶劣"(Wicked)问题的方法。在这里,"恶劣"这个词有三重含义。**首先,"恶劣"意味着"坏"**。这样的描述有助于读者认识到本书想要解决的这些问题的本质。例如,逃税是卑鄙的行为,尤其是在被长期贫困所困扰的社会中。**其次,在"千禧一代"中,"恶劣"也是个俚语,可以用于表达"吓人的"或"惊人的"的感觉**。所以,如果这些问题得到解决,那么我们可以期望获得积极的结果。**最后,"恶劣"也是个形容词,可以描述由于需求不完整、相互矛盾或不断变化而导致问题难以解决或不可能解决的现状**。对于这些"恶劣"问题,利益相关方往往秉持着相互冲突的价值观,而信息又常常很混乱。

联合国可持续发展目标中列出了可能受益于区块链技术的六大"恶劣"问题。教育可以影响可持续发展目标的结果,技术也是如此。联合国为发展中国家设定了远大的目标,即到2030年实现显著的改变,包括消除贫困,消除饥饿,创造体面的工作和经济增长,为应对气候变化而采取行动,减少不平等,以及建立和平、公正、强健的制度体系。教育方面的举措可以加强人们对这些问题的认知,优化发展中国家和弱势、少数族裔中妇女儿童的经济前景,而技术则可以赋能和支持这些改变,并推动关键制度的改革。

区块链技术的潜力将协助建设迄今为止最强大、最先进的追溯和透明度系统。我们也有可能使用这项技术去开发对许多项目至关重要的、强大的个人身份识别系统。传统上,个人身份识别流程包括两个步骤：首先，希望证明自己身份的人出示某种实物，例如磁条信用卡；其次，他们还需要输入个人识别码、密码或手机上收到的验证码。整个流程的问题在于，如果此人失踪，甚至根本没有实物设备或身份信息，那么就可能无法享受想要的服务。由于这方面的原因，许多机构正在探索使用手机号码来取代各类卡片。如果将国际区号包含在内，那么所有手机号就都是唯一的。最近，生物特征识别技术（例如将用户指纹样本与指纹数据库中的信息进行比对）和面部识别技术正变得越来越普及，同时可靠性也已得到证明。然而，这些技术仍然依赖于既有数据库来比对或匹配用户。无论使用何种方法，如何证明身份都是全球政府优先关注的事项之一。

区块链技术还可以追踪供应链和系列交易过程中的资产和信息。利用区块链，我们就可能随时随地确认援助基金或其他资金接受方是否需要承担责任，同时保证农产品和自然资源的公平贸易，避免供应商被迫接受苛刻的条件，帮助他们以适当的方式参与经济和商业活动。

在历史上，联合国的援助工作存在欺诈、管理不善等问题。区块链技术提供了一种绕开政府部门和银行体系的机制，从而让援助工作更加高效。2017年年底，联合国的几家机构将以太坊区块链确定为向全球难民分发救援物资，以及开展其他几个公益项目的可能解决方案。这个想法并不新颖。世界粮食计划署（WFP）已经在名为"开发区块"的试点项目中使用以太坊区块链，向约旦境内的难民分发食品券，同时还计划在开展工作的其他80个国家推广该项目。此外，在德国举办的联合国2016年气候大会上，与会者提出，可以用以太坊区块链来协助应对气候变化。

与此同时，联合国气候变化框架公约官员亚历山大·盖勒特·帕里斯（Alexandre Gellert Paris）认为，"区块链可以促进利益相关方更多地参与进来，提高透明度和参与度，在应对气候变化的努力中构建信任和更多的创新解决方案，从而带来更有力的行动"。

2017年7月，联合国经济和社会事务部（UNDESA）发布了可持续发展目标报告。总部设在纽约的联合国经济和社会事务部相当于一个秘书处，在经济、社会和环境领域扮演全球政策和各国行动的接口人角色，其工作以2030年可持续发展议程为指导。2017年的可持续发展目标报告指出，各个领域取得的进展不平衡。例如，在2010—2015年，全球平均国内生产总值的增速要高于上个5年，即2005—2010年。但这个令人振奋的消息很快就被现实情况驳倒了，只有美国、加拿大、欧洲、东亚和东南亚为这个统计数据做出了正面贡献。欠发达国家和发展中的内陆国家被甩在了后面，它们的国内生产总值增速低于上个5年。报告还指出，缺乏可靠、最新、可用的数据影响了对相关进展的有效追踪。尽管在全球范围内可用数据和数据质量都有了明显的改善，但统计和分析能力仍有待加强。面临这些挑战的不仅仅是联合国和国际援助组织，最发达国家的私营部门与政府在数据集准确性和完整性方面也面临着挑战。

需要指出的是，小数据、大数据和元数据都可能受到操纵。因此，必须部署特定的系统来解决这些缺陷，毕竟错误的数据只会造成错误的决策。区块链技术可以给数据使用者带来额外的验证和透明度机制，从而确保决策者基于准确可靠的信息来制定政策。

区块链蓝图 Blockchain

本章总结

构建一个更透明、更公正的社会

"恶劣"问题通常由多个相互关联的子问题构成，因此无法简单地通过逐步解决各个子问题来找到最终的解决方案。《区块链蓝图》一书中涉及的某些最具挑战的社会问题就是如此。关于如何应用区块链技术去开发产品和服务、援助贫困群体、应对气候变化以及创造更加美好的世界，本书为各类组织提供了可参考的深入的见解。这将帮助各国政府了解，区块链能够如何建立更加透明的系统，打击逃税和投票舞弊现象。

在消除贫困、提供可持续能源、减少不平等以及加强对机构的追责方面，过去我们面临障碍，而对身份、科学数据、源头和交易的验证技术则可以打破这些障碍。最终，区块链将在用户和内容之间构建信任。区块链技术支持所有用户查看和验证所有的交易和结算，不再需要第三方或中介机构去管理交易对手风险或资金。这种管理和监控信息交换的能力也可以应用于非金融资产交易，例如信息、信息源头、身份和数据的交换。

对于六大"恶劣"问题，我们在书中提出了自己的解决方案，并响应了联合国5项可持续发展目标的愿景。这些愿景包括：消除贫困；创造体面的工作和经济增长；支持产业创新和基础设施发展；建立可靠的消费和生产系统；促进建立和平、公正、强健的制度。

01 为什么选择区块链

贫困的定义不仅是缺乏收入和资源,更是缺乏生活的可持续性。其表现形式包括社会性歧视、被社会边缘化以及无法参与相关决策。无法获得教育和土地资源,或是无法进入劳动力市场的人不可能为社会和经济发展做出贡献。让生活在贫困中的人群融入社会不仅是基本的道德义务,通过提供可持续的就业机会,还有助于降低经济和社会成本。根据联合国的意见,经济平等和发展的一个关键前提就是财政透明。技术进步是实现环境目标,例如增加资源和提高能效的基础。人类发展与气候的关系密不可分。当气候长期处于极端而不受控制的状态时,资源就会变得稀缺,从而引发冲突和恐惧,导致依赖农业经济的国家很快就变得非常脆弱。如果没有技术和创新,工业化就不会发生,而如果没有工业化,发展就是天方夜谭。

通过不可篡改的交易验证,区块链可以追踪工作流和供应链。这将有助于并确保金融普惠、对溯源信息的尊重以及对人类身份的验证。不过,在我们研究这6个问题并提出基于区块链的解决方案之前,还有一件事很重要。让我们先来看看,究竟区块链技术的哪些特性可以使这些建议中的解决方案成为可能。

02

重新认识区块链

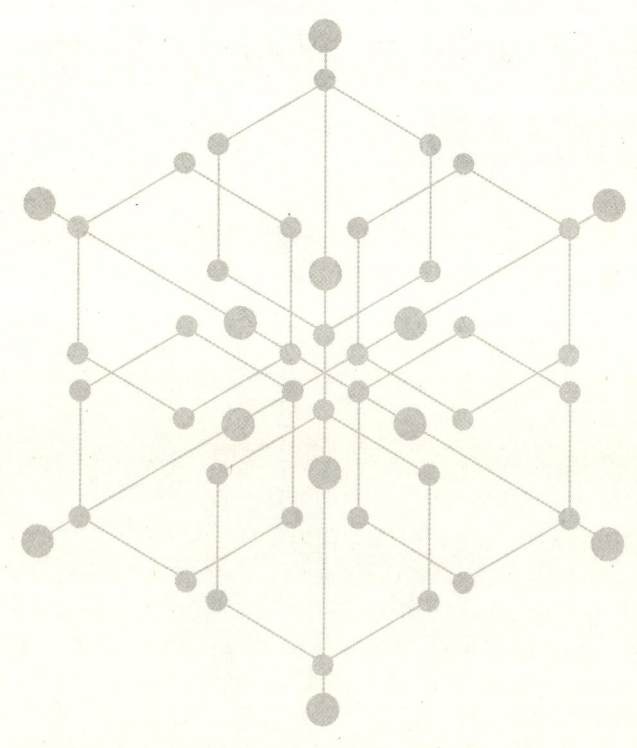

Blockchain

区块链（Blockchain）：

<u>一种数字账簿。这种账簿按时间顺序公开记录用区块链或其他加密货币完成的交易。</u>

区块链，本质上是一个分布式账簿技术

2008年，全球面临数十年来规模最大、最剧烈的金融危机。就在这个时刻，一篇论文在一小群密码学爱好者中流传开来。

在这篇论文中，中本聪（Satoshi Nakamoto）解释了被其称作比特币的概念，以及对长期存在的"多次消费"问题（即数字令牌代表的唯一价值可以被多次使用）的解决方案。多年来，多次消费问题一直是导致数字货币无法获得广泛普及的主要障碍之一。

2008年，比特币域名Bitcoin.org完成注册。2009年年初，比特币的创世区块，即区块链的第一个区块被创造出来。当时并没有人能预见到，中本聪提出的这项基础性技术将对世界上最大的组织、受信任的中介机构以及整个社会产生什么样的影响。

自中本聪的论文发表以来，分布式账簿技术，或称区块链技术[①]，迅速流行开来。尽管账簿在人类历史上已经存在几千年，但借助区块链技术，账簿有史以来第一次可以跨多个组织和计算机网络使用，并同时进行更新。这种特性极大地降低了利用系统漏洞的可能性。换句话说，区块链账簿的分布式和去中心化特点，确保任何人都不可能单方面随意控制并操纵账簿。区块链的密码学基础带来了"无须预先建立信任"的系统，因此负责管理风险的中介机构也没必要继续存在。这预示着商业范式将实现真正的转变。也正是基于这样的原因，许许多多组织正在探索区块链的可能应用，以优化追溯和审计系统。尽管区块链技术的出现还不到10年，但企业、政府组织和财团都对这项当代的现象级技术进行了大笔投资，以期获得财务上和政治上的收益。知名风险投资公司安德森－霍洛维茨的合伙人马克·安德森认为，区块链是与互联网一样伟大的发明；法国巴黎银行研究分析师约翰·帕里查塔（Johann Palychata）则将区块链的发明比作蒸汽机或内燃机；《经济学人》杂志则预测，区块链将会成为与有限责任公司机制一样重要的创新。

关于分布式账簿技术将如何影响金融行业的参与者，R3 Partnership对此进行了研究。研究结果指出了区块链对人类世界的意义。R3 Partnership是由80家大型金融机构组成的集团。在2015年12月的创立仪式上，R3 Partnership解释了成立原因：不同世代的传统系统

[①] 区块链只是分布式账簿技术的形式之一。分布式账簿还有更多形式，例如由IOTA开发的Tangle。然而本书将专注于区块链的分布式账簿。为了便于讨论，我们也将分布式账簿技术的其他形式都纳入区块链之下。（不过从技术上说，这些形式与区块链并不相同，某些时候差别还很大。）

兼容性很差，银行和其他金融机构对此备感失望。此外，由瑞士银行牵头的6家大型全球性银行开发了"公用结算币"（USC），这是全球各国央行支持的主要货币在数字领域的对应物。各国央行的目标是建立一种结算体系，以接近实时的速度而不是耗费几天时间去处理金融交易。这个项目希望让全球性银行可以利用定制的区块链上的抵押资产开展各种交易，从而提升金融市场效率。另一个例子来自澳大利亚邮政。该公司已经公布计划，为澳大利亚维多利亚州开发基于区块链的电子投票系统。区块链有着巨大的潜力，看起来，几乎所有需要与某种交易或追踪机制打交道的行业都会被区块链革新。不过，为了理解应该如何利用区块链去造福社会，我们首先需要深入了解这项技术。

区块链是一种共享、去中心化的公开或私有账簿，针对所有权的真实情况给出了统一信息。作为一种分布式账簿，区块链使用数据库技术来记录，并维护不断增加的永久数据记录列表。这些数据记录不可篡改、不可逆，并且可以验证及追溯。最初，这些数据记录就是比特币交易，但目前相关应用已经适用于任何行业、任何类型的在线交易。区块链还可以成为社会记录（例如各类文件或资产登记）的管理者。各种数据记录按照时间顺序保存在区块中，区块以密码学技术组织在一起。网络中的每个节点都有一份区块的拷贝。如果希望有一笔交易上链，那么网络中的所有节点都必须对此达成共识。

最终，点对点交易将成为可能，银行等中心化认证机构将没有存在的必要。通常，这些认证机构需要收取佣金，但第三方不复存在之后，组织和消费者将可以实时地执行点对点交易，从而为社会生活方式带来真正的范式转变。从本质上看，这就是区块链如此重要的原因。

区块链蓝图 Blockchain

区块链也有多种不同类型；所选的区块链类型将决定网络中参与者如何互动。区块链分为有授权链和无授权链，两者有着不同的特点、规则和参与者类型。

无授权链也被称作公有链，其中最著名的就是比特币区块链。系统内的信任来自基于博弈论的激励机制，以及被密码学技术所确保。这意味着，任何人如果想要加入特定的无授权链，都可以很容易地做到。只要将计算机连接至去中心化网络，下载应用，开始处理交易即可。加入无授权链并不需要用户与账簿提前建立起关系，用户的加入也不需要获得批准。公开的、无授权的区块链不属于任何人，所有人都可以给这样的区块链做贡献。

而有授权链，或称私有链，则不需要设置这些人为激励，因为网络中的所有参与者彼此都是已知的。新参与者必须获得网络中现有参与者的批准才能加入，这意味着交易验证的灵活性和效率更高。通常情况下，希望维护共享账簿用于交易结算的组织，例如金融服务公司会使用私有链。私有链由某个组织拥有并运营，交易只对网络内成员可见。私有链的典型案例就是瑞银和其他3家大银行于2016年开发的"区块链结算系统"。这个区块链项目使4家参与银行得以极大地优化彼此间的交易结算速度，但这个区块链不对其他人开放，因此其他人也无法进行操作。

私有链和公有链是目前已存在的两种类型区块链。这两者的主要特点是，一旦交易获得批准并上链，就无法更改或编辑。某些较大的金融科技机构，包括中国首家私营的全数字化银行微众银行，正考虑将其线上银行搭建在公有链和私有链的组合之上。不过自 2016 年以来，第三种区块链开始得到发展。埃森哲为"可编辑区块链"申请了专利，这种区块链的交易历史可以由中心化节点来管理。这有点儿自相矛盾，因为区块链的强大之处恰恰在于，数据一旦经过验证就无法更改。然而埃森哲认为，这种新的区块链技术只可能用于私有的有授权链，例如可以被银行使用。在这种区块链中，中心化节点可以根据商定的治理规则来管理网络。此类区块链将提供"安全按钮"，从而在实际情况中让区块链技术的使用更安全。

组织会选择什么样的区块链，取决于组织的目标，以及需要上链的交易类型。有些交易，例如金融交易，不应该对公众可见。而另一些交易，例如数字货物的所有权和土地的所有权，则可以更多地从公有链中获益。由于区块链的四大关键元素，即加密原语、共识机制、交易和智能合约的存在，无论区块链是什么类型，区块链上储存的数据都是不可更改、可验证、可追溯的。以下我们将对这些元素分别进行介绍。

区块链的关键元素 1：加密原语

密码学技术是所有区块链系统的关键元素，其中包含两个重要的组成部分：数字签名和哈希算法。

数字签名：每个人都有一把解密的"钥匙"

数字签名的基础是公钥加密，也称作非对称加密。非对称加密意味着存在两个密钥，即在数学上彼此相关的一个公钥和一个私钥。这种关系意味着，任何由其中一个密钥（公钥）加密的数据只能由另一个密钥（私钥）解密，反之亦然。对于某个公钥加密的数据，想要用另一个公钥去解密是不可能的。因此，你可以使用密钥来标识特定数字资产的所有者。由于公钥是公开提供的，因此任何使用特定私钥加密的数据都只能由对应的公钥来解密。这种加密技术的工作原理就像是电子邮箱：每个人都有一把"钥匙"（邮箱地址）可以把信发入邮箱，但只有一个人有正确的"钥匙"（邮箱密码）可以打开邮箱，并读取邮件。

公钥基础设施已经得到广泛部署，互联网上的几乎所有一切都使用了公钥基础设施，无论是发送电子邮件还是访问网站[①]。这意味着，我们可以确保用户和服务器之间收发的数据不会受到干扰。公钥基础设施也被用于确保特定文档的真实性，而这时就要用到哈希算法。

哈希算法：确保数据不被篡改与可验证的终极利器

区块链上的每个数据区块都会收到哈希标识符，作为访问数据库的密钥，标识符由安全哈希算法（Secure Hash Algorith）计算得出。区块的哈希标识符是固定的。换句话说，分配给特定区块的哈希标识符永远不会改变。哈希算法被用在区块链技术的各个组成部分中，其

[①] 如果网站使用 SSL 证书并且显示 https 前缀，那么就表明已使用公钥基础设施来进行加密。

中之一就是哈希标识符，即关联至每个区块中数据、唯一的 64 位数字和字母字符串。美国国家安全局（NSA）设计了第二代加密哈希函数，即"安全哈希算法"，其中包含的高效安全哈希算法 SHA-256 能为每条数据创建唯一的哈希标识符。如果数据完全匹配，那么哈希算法将生成完全相同的哈希值。即使只改变数据中的一位数字，也会产生全新的哈希标识符。新上链区块的哈希标识符正是下个区块的开始数据，通过这样的方式，所有区块就被连接在一起。这意味着，如果区块中有数据发生改变，那么区块的哈希值必定改变，从而引发随后区块哈希值的改变。如果想要篡改数据，那么就要求所有区块通过共识机制来重新完成验证。这样的情况不可能发生，因为网络中的其他节点没有收到任何激励去操作链上的"旧"区块，而由于区块链会不断变大，因此验证旧区块就需要相当大的算力，这样做的性价比极低。所以，哈希值使得区块链上的数据不可篡改，可验证，且不会随时间发生改变。

区块链的关键元素 2：共识机制

人类运用共识决策已有悠久的历史。共识决策的概念最初源自政治学和社会学，但目前已成为计算机科学的重要组成部分。共识算法可以确保联网的计算机能在各自独立的情况下展开协作，而不需要预先建立信任。即使网络内的某些成员出问题，系统仍可以继续工作。许多共识算法采用不同方法来验证区块链上的价值和交易。共识机制是所有区块链的关键：**由于共识算法的存在，各方之间就不需要预先建立信任，因此可以在没有中心化权威机构的情况下创建、实施并评估决策。最终结果就是在没有中介机构的情况下**

完成各类交易，无论是人对人、人对机器，还是机器对机器。

共识对区块链至关重要，因为区块链上没有可信的中心化机构。在部署区块链之前，网络中的参与者必须就区块链的管理规则以及这些规则的执行方式达成一致。网络中的节点执行商定的算法，而预先定义好的大多数节点必须得出一致的结果。共识算法使用密码学来验证交易以及随后的决策。截至目前，最常见的两种共识算法是工作量证明算法（PoW）和实用拜占庭容错算法（PBFT）。不过，新的共识算法也在不断开发中。工作量证明算法通常用于无授权链，而实用拜占庭容错算法通常用于有授权链。此外，另一种共识机制权益证明算法（PoS）正在开发中。这种算法目前仍处于试验阶段，只被用于少数加密货币，尚未成熟。

共识算法解决了数字货币长期以来存在的多次消费问题。多次消费指的是某些参与者想要通过多次使用相同的数字令牌来欺骗系统的行为。对于法定货币，这个问题可以通过中心化权威机构，即银行来解决。然而去中心化的系统中没有中心化权威机构，因此需要通过共识机制来解决。为了理解这个问题，莱斯利·兰伯特（Leslie Lamport）和罗伯特·肖斯塔克（Robert Shostak）提出了"拜占庭将军问题"（The Byzantine Generals' Problem）。在这个问题中，一群将军指挥拜占庭军队的不同队伍，需要就进攻和征服敌对城市的计划达成一致。将军们通过信使进行交流，但其中至少有一名将军是叛徒。问题是，在最多有多少个叛徒的情况下，拜占庭军队仍可以作为一支部队正常运转？每个共识算法都是拜占庭将军问题的解决方案，而拿出解决方案的第一个算法就是实用拜占庭容错算法。随后，在比特币诞生之前，这个算法又演化出了多个版本。实用拜占庭容错算法可以应用于去中心化的有授权链网络，这意味着该算法也具备中心化的特征，即需要成员资格，这种资格需要得到中心化权威机构的批准。工作量证明算法解决了这个问题。这种共识算法在去中心化的网络中运行，不需要中心化权威机构，同时假定大部分参与者都是"诚实的"，从而降低不诚实参与者存在的风险。

工作量证明算法：无须成员资格，更无须中心化权威机构

工作量证明算法解决了对中心化权威机构的需求。这种算法的技术创新点在于，它不要求成员资格，不需要中心化权威机构。所以，工作量证明算法可用于公有链或称无授权链，这类区块链的参与者不必相互认识或信任。因此，这种算法被用于比特币区块链，比特币区块链属于公有链。这种共识算法要求参与者通过解决复杂计算问题去验证区块。验证过程使用密码学来完成，这意味着参与者必须找到一个不等式的解，而这需要相当大的算力和能耗。在找到一个解之后，系统立刻就能知道，这个解是否正确。这类似于填字游戏。游戏难度很高，但你一旦完成，马上就可以知道它是否正确。一旦参与者解出方程，这个解就会发布给整个网络，而该参与者也将收到比特币作为奖励（就比特币区块链来说如此）。

权益证明算法：不断"激励"节点以获取更大权益

权益证明算法是另一种通用的共识算法，但它采用了不同的方式。与工作量证明算法类似，在权益证明算法中验证者也是随机选出的。然而不同点在于，在权益证明算法中，如果某个验证者具备更强的算力,那么就更有机会被选中;而在工作量证明算法中,参与者持有的资金量(例如令牌数量或加密货币数量)决定了自己被选中的可能性。一旦区块生成,验证者就会获得交易费,而签名者则会把区块提交到区块链。签名者可以是网络中的所有节点,也可以是随机选出、为整个网络进行签名的一组节点。为了"激励"节点努力获得更大的权益,某个节点在网络中的权益越大,节点需要解决问题的复杂度就越低。因此,已持有大量权益的节点很容易进一步发展壮大。权益证明算法仍需要就网络的当前状态达成共识,但参与者持有的加密货币越多,区块链网络成功后所带来的收益就越大。因此,权益证明算法所需的计算机处理器计算量明显较低,因而更加节能。权益证明算法背后的假设很简单:如果参与者在系统中拥有更多的权益,那么就会有更强烈的动机去确保网络的安全和正确;因为当相应加密货币的价格和信誉遭到攻击而出现损失时,这些参与者也会受到相对严重的影响。预计以太坊网络将于 2018 年配置权益证明共识机制。

时间戳:确保某笔交易在某个特定时间点发生过

共识机制都会配置时间戳服务,这将确保上链的每个区块都被打上时间戳,从而证明不同事件之间的时间关系。时间戳主要用于确认某笔交易在某个特定时间点发生在区块链上。如果参与者试图欺骗系统,提交相同的交易,那么各个节点将对照时间戳检查该笔交易。如果在先前的区块中发现了这笔交易,那么节点将达成共识,宣布该交易无效。此外,与哈希算法相结合,时间戳让用户可以在任何给定时间点及时证明,特定文档在特定时刻被某个用户所拥有,并且自那时以来从未被修改过(这可以使数据得到全部追溯)。

区块链的关键元素3：交易

无中介交易是区块链的关键，因为这消除了对可信的第三方的需求。传统上，这种第三方负责验证交易，并收取一定佣金。消除中间人，或者说中介，将彻底改变参与者彼此互动，以及决策制定、实施和评估的方式。

比特币交易目前仍然是用区块链记录的最常见的交易，然而与任何货币、合同或硬性/软性资产相关的其他金融交易也可以记录在区块链上。实际上，任何类型的交易，无论与数字商品还是实物商品相关，都可以记录至区块链，其中包括土地登记、覆盖整个供应链的货物追踪、物联网设备的交互、身份、信誉、自然资源以及点对点交互，例如共享打车或房屋共享服务。这样的例子数不胜数。2016年，使用区块链技术和智能合约的首笔交易发生在全球两个组织之间。澳大利亚联邦银行和美国富国银行表示，针对一单从美国得克萨斯州到中国青岛的棉花货运，它们使用区块链技术完成了全球首笔独立银行之间的跨国贸易交易。2017年12月，荷兰农业贸易公司路易达孚与荷兰商业银行、荷兰皇家银行以及法国兴业银行合作，在区块链平台上向中国出售一批美国大豆。它们将相关文件数字化，实时比对数据，防止假冒。最终，完成全部交易处理的时间只有平常的一半。

当资产所有者通过转移关联至资产的私钥来出售艺术品等资产时，实物商品的所有权也可以转移并保存至区块链。在使用智能合约自动完成这样的操作时,这就称作智能资产。智能合约是交易的一种特殊分支,可以保存至区块链,具体的例子包括以太坊区块链。业内一般认为,智能合约将给组织设计和决策带来重大的影响。

区块链的关键元素 4:智能合约

"智能合约"这个术语是由尼克·萨博(Nick Szabo)最先提出的,其定义是"执行合同条款的计算机协议"。智能合约也可以看作是一种传统协议,由代码自动定义和执行,不存在任何自由裁量的空间。智能合约类似用于处理交易和决策的脚本,运行在区块链上,被认为是"加密货币世界中的杀手级应用"。

当智能合约部署至区块链之后,关于组织的定义以及组织如何实现竞争优势,这些概念都将发生天翻地覆的变化。

智能合约可被视为编译成位码的"If/Then"语句(尽管现实肯定要复杂得多)。这些软件程序能执行由两个或更多参与者商定的特定交易或决策。在创建智能合约时,相关参与者选择特定事件或前提条件,并决定当这些条件满足时应当发生什么事件。随后,协议被记录至区块链。当部署完成后,这些脚本就无法再更改,在满足条件的情况下就必定得到执行。

智能合约有 3 个明确的特征:它们是自治的(当部署至区块链之后,就无法再更改)、自给自足的(可以随时间推移积累和消费价值）、去中心化的（分布在网络的多个节点上）。某个智能合约一旦上链，就是最终版本，无法更改。换句话说，智能合约不可篡改、可验证、可追溯。然而，如果原始代码允许，那么某些参数也可以更改。因此对组织来说，在智能合约上链时，确保代码百分之百正确，合约中没有任何漏洞或错误，就变得至关重要。出错的代价可能非常高昂。例如，在去中心化自治组织黑客攻击事件中，智能合约中的一个错误造成了 5 000 万美元的损失。如果想要修复已部署智能合约中的漏洞，唯一的办法就是通过区块链的"硬分叉"。去中心化自治组织项目最终正是这么去做的。但是，不要指望每次部署智能合约出错时，区块链都会创建硬分叉。

智能合约不仅影响合同法，在更广泛的层面上，还将影响社会和组织内部的社会契约。这是因为智能合约自动、自主执行，不需要人工判断，最大限度地减少了对预先建立信任的要求。此外，借助智能合约，企业的管理层或员工不再需要制定、实施和评估决策。多个智能合约与人工智能和大数据分析结合在一起，就可以实现决策能力的自动化，从而推动"组织活动的全新范式"，包括战略决策的自动化以及公司和数据治理的自动化，并形成完全由计算机代码运行的全新组织设计，即所谓的"去中心化自治组织"（DAO）。

智能合约看起来可能很有革命性，但并不是什么新鲜事物，而且已经存在了很长时间。正如以太坊创始人维塔里克·布特林（Vitalik Buterin）所说，智能合约已经出现在大部分当代办公楼中。例如，门禁卡可以决定你是否能进入某个区域，这种功能由一段代码预定义，并关联至某个数据库。门禁卡的例子表明，智能合约已经存在了很长时间。目前唯一的不同在于，当智能合约部署至区块链之后，就可以无限期访问，并在满足特定条件时执行预先定义好的任务。智能合约给组织创造了意义深远的机会，但至关重要的是，部署至区块链的智能合约必须确保正确。未来几年，我们可能会看到，基于智能合约的多种应用将如何改变我们工作、商业和日常生活的方式。智能合约将使中间人、经理和员工的角色走向消亡，这非常有趣。

当管理者或员工不再需要运行某个组织时，组织设计以及组织中参与者之间的互动就会发生极大的改变。即使某个组织没有完全迁移至去中心化自治组织设计，区块链和智能合约的应用也将影响参与者之间的互动，并改变决策能力。借助基于密码学、无须预先建立信任的系统，区块链将减少网络内的机会主义，推动决策自动化。此外，由于跨时间和空间共享同样的数据库，组织之间的联系会变得更紧密，从而加强网络中参与者之间的互动。

接受区块链技术的组织可被视为"人机网络"（HMN）。在这样的组织中，人类和机器之间产生互动，引发协同效应。组织内对区块链整合的程度可能会影响组织的战略决策能力。某个组织越倾向于去中心化自治组织设计，就会越高效，其自治程度也会越高。最终，组织可以运用区块链、智能合约和大数据分析，实现完全独立的运行，而去中心化自治组织不再需要任何管理层或员工。参与者之间的互动将完全由自动化的软件算法来指导。因此，去中心化自治组织的股东必须谨慎地在区块链上部署智能合约。区块链不可篡改，可验证和可追溯的特性意味着必须采取适当措施，避免部署有漏洞的智能合约，进而造成严重损失。另一方面,对希望向区块链迁移的组织来说,存在错误的智能合约并不是需要面对的唯一挑战。区块链仍是新兴技术,在获得大规模普及之前仍有许多技术挑战有待应对。

重新设计社会运行和做生意的方式

尽管区块链是比特币的基础技术,但加密货币并不是区块链唯一的应用。任何交易都可以记录在区块链上。智能合约支持各种各样的应用,而不仅限于与金融市场相关的应用,以及"自执行、自主治理"的应用。因此对组织来说,区块链创造分布式新产品和新服务的可能性几乎无穷无尽。这些产品和服务将推动既有组织结构的效率提升。这种基于区块链的产品和服务通常被称作"去中心化应用"(DApp)。去中心化应用至少有两个特点:

- 对去中心化应用协议所做的任何改动必须先达成共识。
- 应用必须使用基于 SET 算法生成的加密通证,或称加密货币。目前已经有不少去中心化应用的例子,其中最知名的毫无疑问是比特币。

这类去中心化产品和服务的发展将推动组织设计的变革。区块链不需要中心化的权威机构去维护,因为数据库保存在数百万台非中心化的计算机上。利用去中心化的基础设施,个例管理不善导致的故障不会影响整个网络。此外,借助基于密码学、无须预先建立信任的系统,区块链和智能合约的应用可以帮助组织加强控制,减少不确定性，实现决策的自动化。反过来，这将对组织设计，以及各种法律、监管、信息技术和会计框架造成直接的影响。由于不再有中心化的管理实体，区块链使预先建立的信任显得不再必要，因此，任何开发去中心化应用的组织都应该将重点放在数据治理上。毕竟就数据来说，真实性能得到保证，但可靠性和准确性则不能。区块链可以将数据治理直接嵌入网络，将代码引入数据。法律法规可以编程至区块链本身，从而实现自动执行，让监管变得更简单。账簿可以成为数据的合法证据，提升数据所有权、数据透明度和数据可审计的重要性。由此带来的对组织设计的影响可能最终将推动"去中心化自治组织"的建立。

去中心化自治组织是相互关联的智能合约组合，有可能与物联网设备、大数据分析和人工智能结合。在一组不可逆业务规则的唯一控制下，不可篡改的代码运行着去中心化自治组织。去中心化自治组织的参与者与当今组织完全不同。另一方面，去中心化自治组织需要引入全面的数据治理流程，以确保数据的可靠性和准确性。这也将带来全新的组织结构。去中心化自治组织是一种自组织框架，可基于共识完成自动决策，并且在这样的共识中参与者的互动不需要预先建立信任。去中心化自治组织中没有传统的组织等级制度，因为等级制度实际上源自所有权（换句话说，参与者的可信度有多少，以及行为结果会给该参与者带来什么优势）。这种组织结构的变化影响了权力平衡。在传统组织中，权力是通过等级或信息来分配的，并且两者之间通常存在关联；等级越高，你获得的信息就越多，在组织中拥有的权力也就越大。去中心化自治组织的运转方式则有所不同。权力由参与者持有的通证数量，参与者的可信级别以及他们能带来的优势来决定。这将使组织内部的权力平衡从层级结构转变为分布式结构，进而改变组织的治理结构。

在最简单的形式下，去中心化自治组织只是不可篡改的计算机代码。一个或多个智能合约关联在一起，并部署至区块链，鼓励参与者完成自组织。代码定义了去中心化自治组织内部的治理，因为治理实际上就是在智能合约中去实施的规则。借助区块链技术提供的功能，去中心化自治组织可被视为一种自组织结构，使用共识机制完成自动化决策，而不需要预先建立信任。结果就是，在去中心化自治组织内部不再有传统的登记（因为不再有员工或经理的决策），不再有传统的治理（因为代码就是治理，规则已经嵌入智能合约中），此外也不可能给去中心化自治组织发邮件或打电话，除非只是与聊天机器人打交道（因为整个组织自动运行，不需要人工参与）。去中心化自治组织可以像传统组织一样运行，但这样的运行是自动化的；它们可以订购产品和服务，拥有客户和供应商，以及出现盈利或亏损。去中心化自治组织的活动与传统组织相同；它需要赚钱，有成本，有客户、股东，甚至员工（但这些只是独立承包商），它提供产品或服务，并且受到监管单位的要求和约束（不过，作为一家分布式的公司，合规会变得相对困难，因为不同司法管辖区的监管单位的要求可能相互冲突）。因此在发展去中心化自治组织时，治理非常重要，治理结构应当被整合至去中心化自治组织，也就是整合到代码中。此外，应该确保去中心化自治组织的代码正常运行，并永久性地正确发挥功能。因为，在部署到区块链上之后，去中心化自治组织的代码是不可逆的。正如2016年的去中心化自治组织黑客事件所体现的，治理不当或质量较差的去中心化自治组织可能产生严重的后果。因此，总而言之，希望建设去中心化自治组织的参与者必须确保在代码中实现正确的治理结构，并确保代码正常工作，从而让去中心化自治组织在部署后可以正确运行。

到目前为止，我们尚未看到任何完全符合定义并取得成功的去中心化自治组织。去中心化自治组织的首次尝试在智能合约中出现漏洞，导致 5 000 万美元被黑客盗走，项目也被迫停止。随后还有过几次建立去中心化自治组织的尝试，其中最著名的包括 DAX 和 Digix。Digix 是建立在以太坊之上的资产通证化平台。利用区块链的不可篡改、透明和可审计等特性，Digix 被用于黄金等高价值实物资产（值得单独一提的是，Digix 在 2016 年的首次币发行中，仅仅 12 小时就募集了 55 万美元）。Dash 是一种开源的点对点加密货币，支持实时的非公开交易。有人也将比特币归类为一种去中心化自治组织，但这种观点存在争议。

为了更好地理解真正的去中心化自治组织在社会上是什么样子的，让我们来看看这个未来主义意味浓烈的案例。这个案例向我们展示了几年后去中心化自治组织在现实世界中是如何运行的。

想象一下，在不久的将来有一家自动驾驶出租车公司。用户可以使用一款类似优步（Uber）的应用来呼叫出租车。在打到出租车之后，车辆会自动载客，并将乘客送往目的地。汽车自动选择最佳路线，避免交通拥堵和绕道。在乘客下车后，车费会基于智能合约自动转账。来自该服务的收入被用来在需要时自动维修汽车。一旦汽车发现需要保养，就会自动与汽车服务点预约。维修人员将立即收到自动的报告，即车辆需要什么服务，以及是否需要订购任何零件。在服役多年之后，汽车会注意到自己的使用寿命已经结束，随后自动前往汽车回收公司。在此之前，智能合约会根据监控到的市场需求订购新的自动驾驶汽车。在旧车完成回收之后，新车就会离开工厂，为乘客服务。在整个回收过程中，没有任何人员的实际参与，没有经理人员，也没有员工。大数据分析用于自动优化服务，了解用户，并监控车辆。①

虽然这还需要一段时间，也许是 10 年左右，但这种去中心化自治组织的到来只是时间问题。利用智能合约、大数据分析、人工智能、机器学习和物联网推动公司的完全自动化，这种趋势不仅会出现在出租车行业，也会出现在零售业、银行业、制造业，甚至酒店业。很明显，治理永远是最重要的，并且还有相当多的挑战需要解决。毕竟在一个去中心化自治组织之中，多个参与者，包括人类和非人类，必须在相互独立的情况下展开合作。在这样的系统中，冲突和协作的数学模型可以激励参与者基于整个系统的最佳利益开展活动。去中心化自治组织创造了振奋人心的机会，帮助我们重新设计社会运行和做生意的方式，推动建立更高效的组织，以更低的价格提供更优质的产品和服务。

---

① 这个例子最初是由以太坊创始人维塔里克·布特林提出的，本书按照需要做了相应调整。

首次币发行，企业的最新融资方式

对去中心化应用或去中心化自治组织来说，一个重要的方面就是加密货币，加密货币有时也称作令牌。多年来，创业公司一直在寻求风险投资的支持，想要创立"下一个Facebook"或"下一个谷歌"。然而，资金的成本很高，任何想要融资的创业公司都必须将公司的一部分交给投资者。投资者加入得越早，其需要承担的风险就越高，而创业者为融资付出的代价就越大。这是过去几十年来主流的融资模式，但目前已经不再是这样。自区块链兴起以来，时代就在发生改变。新创业公司的最新融资方式已经变成"首次币发行"（Initial Coin Offering，ICO）——也称作"令牌生成事件"（Token Generation Event，TGE）。

通过分配一定比例的初始加密货币量，区块链创业公司越来越多地通过首次币发行来融资。基本而言，有了首次币发行之后创业公司自己就变成了"银行"。这些公司可以用数字方式无中生有地创造货币，并将其出售给投资者。面向群体出售的令牌，或称加密货币，可以用于在平台上支付，以及在利益相关方之间分配价值。在首次币发行期间买入这些加密货币的投资者不会获得创业公司的份额，但他们会希望加密货币的价格上涨，从而获得可观的投资回报。

有些首次币发行非常成功。例如，区块链数据存储网络Filecoin在2017年9月的首次币发行中完成了2.57亿美元融资。在不到一个月的时间里，Filecoin的融资就打破了纪录。另一笔更早的首次币发行来自以太坊。2014年，以太坊通过其加密货币进行首次币发行,融资1 840万美元。在当时的首次币发行中,一个以太坊的价格约为0.31美元(2 000个以太坊的价格相当于1个比特币)。而到本书写作时,一个以太坊的价格上涨至1 228美元,随后又下跌至600美元。① 此外还有两笔成功的首次币发行。其中一笔是Bancor,它在5小时内融资1.53亿美元;另一笔是Block,该项目在5天时间里融资1.85亿美元。2017年年底,安全信息应用Telegram宣布将启动首次币发行,融资开发去中心化的生态。2018年3月,该公司通过非公开的令牌销售获得了17亿美元资金。而到你阅读本书时,你肯定已经知道他们最终完成了多少融资。当然,这些融资活动也提出了关于融资目的、信任和治理的问题。糟糕的是,一些首次币发行和交易所设计的只是庞氏骗局和其他类型的骗局。只要有钱可赚,诈骗活动就会随之而来。本书随后将讨论一些这方面的案例。

在首次币发行期间出售的加密货币通常用于为平台开发提供资金。在许多情况下,平台在首次币发行时尚未建立起来,创业公司的创始人只有想法或白皮书来解释平台的目标,因此首次币发行的风险极高。此外,由于首次币发行常常发生在监管机构的管辖范围之外,因此对投资者来说根本没有任何保障或保证。

想要启动首次币发行的创业公司必须非常严肃地对待此事,确保首次币发行符合所有的相关规定。很多情况下,创业公司天真地认

---

① 2018年2月初的价格,请参见:http://coinmarketcap.com/currencies/ethereum/。

为，由于它们在美国以外注册，因此不必考虑美国证券交易委员会（SEC）的规定。然而，不遵守美国证券交易委员会的规则是违法的，可能会对创业公司的创始人造成不利的影响。

但无论如何，如果想要筹集成百上千万资金，目前首次币发行是一种非常热门的方式。在本书写作之前的几个月中，一些首次币发行在几天、几小时，甚至几分钟的时间内就筹集到了数百万美元。以下是最成功的首次币发行案例：去中心化自治组织在3周的时间里筹集了1.6亿美元，但在随后的去中心化自治组织黑客攻击事件中又损失了5 000万美元；Bancor在3小时里筹集了1.53亿美元；Block筹集了1.85亿美元；Sirin Labs于2017年12月筹集了1.57亿美元，开发基于区块链的智能手机；Polkadot于2017年10月筹集了1.45亿美元，帮助人们同时使用多个区块链；Status于2017年6月筹集了1.07亿美元，提供比以太坊更方便使用的界面。与早期非常成功的首次币发行相比，当时这些首次币发行的规模已经越来越大。例如，2016年，List在4周时间里筹集了570万美元，Synereo在4周时间里筹集了470万美元，SingularDTV在短短17分钟里筹集了750万美元。早在2015年，Augur筹集了520万美元，其中筹集到前2 000个比特只用了12小时。当你阅读本书时，这些数字与近期的趋势和纪录相比已经被远远甩开了。

然而，关于首次币发行也不都是好消息；与首次币发行相关的骗局目前已经出现。相当多的首次币发行更像是庞氏骗局，试图用高额回报来吸引公众。近期被曝光的OneCoin庞氏骗局是数字货币领域最大的骗局之一。另一个骗局是GAWMiners，该项目仅仅依靠谎言就在首次币发行中筹集了1 900万美元。如果项目没有已经实现的测试版，或者在更糟糕的情况下，项目只提供了有限的文档，并且公众不清楚开发者究竟是谁以及他们有什么样的背景，那么参与其中是非常危险的，投资者的钱很可能被骗。即使最初一切看起来都很好，但最终也可能会出问题。例如，2017年7月，Tezos在其大规模的首次币发行中筹到2.32亿美元；但在2017年12月，一起集体诉讼指控Tezos涉嫌违反美国证券法欺诈投资者。

在对去中心化自治组织黑客事件展开调查之后，美国证券交易委员会裁定，某些公开销售的加密货币实际上是一种证券，投资者在做出投资决策时应该谨慎。

投资者在参与首次币发行时，由"恶棍创业者"策划的骗局可能造成损失。然而糟糕的是，涉及加密货币的欺诈活动还有更多类型。最常见的是所谓的"拉高出货"骗局。例如，在信息应用Telegram上，非公开群组的成员会密谋推荐一种他们持有的加密货币，从而可以高价卖出。在股票市场中，这样的行为是非法的，但加密货币市场尚未受到监管。这样的行为可能导致价格波动，让普通投资者蒙受巨额损失。此外，犯罪分子还会试图假冒某些热门首次币发行的网站，将投资者误导至这些网站，从而窃取他们的资金。在这种情况下，即使投资者将资金转到特定地址，也不会获得任何加密货币。其他的诈骗方式还包括山寨交易所、庞氏骗局、山寨钱包和钓鱼等。

由于诈骗行为猖獗，包括韩国在内的全球各国于2017年和2018年开始对加密货币进行监管。当然，这在加密货币市场造成了动荡，某些加密货币在几小时内价格下跌了近50%，比特币价格也下跌了25%。许多政府实体和监管机构正试图理解加密货币，为其制定法律法规。然而，彻底禁止加密货币、相关交易所和首次币发行并不是解决方案，我们所需要的是全球范围内的监管：交易所应当遵守与客户身份认证和反洗钱相关的监管规定，而首次币发行应该遵循类似首次公开募股（IPO）的监管规则。只有这样，我们才能获得受过充分教育、有着良好监管的市场，同时不限制创新，让所有人都从中受益。

与任何技术创新一样，特别是在信息技术领域，监管总是落后于行业发展。到法律法规实施时，它们通常已经不再适用于数字领域的最新情况。一旦宣布了新规定，社区就会继续向前发展，寻找新的解决方案。此外，由于加密货币本质上是去中心化的、虚拟的、无边界的，因此试图在网络的某个部分去监管此类现象将无法发挥作用。2018年年初，德国央行的乔奇姆·乌尔梅林（Joachim Wuermeling）指出，监管去中心化现象的唯一方式是通过全球协议：

> 只有通过尽可能多的国际合作，才能实现对虚拟货币的有效监管，因为单一国家的监管力量显然是有限的。

但是，在全球范围内展开监管需要时间，而且关于是否要禁止或监管加密货币，不同国家有着不同的动机。不过，在尝试全球范围监管时，监管机构可以专注于两个领域：加密货币交易所和首次币发行。

监管规定可以强制加密货币交易所遵守客户身份认证和反洗钱义

务，禁止无资质者参与交易（尽管由于固有的去中心化特性，监管机构永远不可能阻止用户离开交易所进行场外交易）。监管规定也可以强制交易所采取适当的信息安全措施。但不幸的是，想要完全防止黑客攻击或数字抢劫是不可能的。

此外，监管机构还应该专注于首次币发行。围绕首次币发行更顺畅的监管流程肯定有助于防止欺诈和庞氏骗局。与我们目前对首次公开募股的监管规则类似，首次币发行应该遵守特定的监管规则，从而保护投资者，并确保创业者为自己的活动负责。然而，监管机构不应该完全禁止首次币发行，因为这确实是有着巨大潜力的创新。因此，与欧盟制定《通用数据保护条例》（General Data Protection Regulation，GDPR）类似，监管机构应该为首次币发行制定全球标准。这些监管规定可能包括以下要求：

- 在首次币发行前披露财务、会计、税务和其他商业信息。
- 使用智能合约进行托管，确保资金只在满足特定条件时才能释放；而如果没有达到这些条件，资金将自动退还。
- 让顾问委员会参与到公司中，而不是拿出一些照片来就算作顾问，甚至盗用他人的身份。
- 提供一份募股书，告知投资者与本次首次币发行相关的风险。

除监管之外，政府和监管机构还应该关注的一个领域是，教育投资者加密货币可能会带来哪些风险，以及让投资者了解应该如何与加密货币打交道。2017年，俄罗斯宣布一项计划，对公民进行加密货币和投资风险方面的教育。其他国家也应该效仿，帮助普通人了解加密货币这种新现象是什么，以及参与其中有什么风险。

无论如何，看起来首次币发行都将持续存在。创业公司已经发现了这种有吸引力的融资方式，因此正在建设自己的"央行"。不过，监管机构很可能会尝试加强对首次币发行的监管，并为其制定规则，做出限制。加密货币将从根本上改变我们在线交易的方式，从而变革我们使用和开发新产品及新服务的方式。关于如何用区块链造福社会，首次币发行将产生巨大的影响，同时也可能是解决某些"恶劣"问题的关键。在接下来的章节中，我们将进行更多的讨论。

三大区块链平台

这一节将关注正在利用区块链技术开发新工具的某些组织。当然，我们不是要做一个已开发技术的详细列表。开发新工具和解决方案的公司正变得越来越多。我们在这里只展示3个不同类型的区块链创业公司，提到它们只是为了说明目前业内已经取得了哪些进展。

以太坊（Ethereum）

已经存在几年时间的以太坊，目标是重新发明互联网。这是一个去中心化平台，用于开发通过智能合约运行的去中心化应用。智能合约是用于执行任务的小型软件，有点类似于"If/Then"语句，但更复杂。智能合约运行在订制的区块链上，因此不存在欺诈、审查或第三方干预的可能性。以太坊已经发展出非常强大的全球共享基础设施"以太坊虚拟机",可以执行任意算法复杂度的代码。以太坊的基础设施正在继续拓展,并为分布式网络构建全新的解决方案。

瑞波(Ripple)

瑞波是一家专注于金融服务业的区块链创业公司。该公司使用的不是区块链技术,而是分布式账簿技术。瑞波开发了分布式金融技术,帮助全球各地的银行开展实时的国际支付,而不需要中心化机构来管理。这实际上是一个支付网络,可以在全球范围内实时转账各类货币。它们也开发了分布式的全球网络,以托管支付节点,从而实现价值在全球范围内的转移。银行可以监测和协调资金跨分布式账簿的转移,确保风险和延迟最小化。利用瑞波的服务,银行不必像今天一样,在处理国际交易结算时花费大量的时间(可能长达一星期)。

IOTA

与以上介绍的加密货币相比,IOTA 是一种完全不同的加密货币。它不使用区块链技术,而是使用名为 Tangle 的有向无环图。IOTA 专为工业 4.0 的理念开发。在工业 4.0 系统中,互联设备必须能在彼此之间执行小额交易。因此,IOTA 具备以下特点:

- 无限的可扩展性。IOTA 不使用区块或矿工;任何一方如果想执行一笔交易,都必须验证两笔交易。
- 无交易费,因此 IOTA 可以实现互联设备之间的小额交易。

- 采用工作量证明的共识机制，确保所需算力最小化，可以由互联设备本身来执行。
- 完全去中心化，这点不同于比特币等半去中心化的网络。

其他区块链创业公司

2016年，区块链创业公司获得的投资额首次突破10亿美元大关，因此这里不可能对所有的区块链创业公司进行完整的介绍。我们在下面列出了更多在去中心化和分布式领域有趣的创业公司，排名不分先后。不过当你阅读本书时，很可能其中的某些公司已经不复存在。

- **Everledger**：一个提供钻石证书和相关交易记录的永久账簿。
- **Cardano**：这个智能合约平台希望提供比以往任何协议都更高级的功能。
- **Stellar**：一个连接银行、支付系统和用户的平台，实现资金快速、可靠和几乎零成本的转移。
- **NEO**：作为以太坊的竞争对手，NEO正在为智慧经济开发开放网络。
- **Coinbase**：一个交易比特币和以太坊的平台。
- **Lisk**：这个平台允许你使用自己的"侧链"，开发和发布区块链应用。
- **Blockstream**：它利用区块链技术提供软件和硬件解决方案。
- **tØ**：一个基于区块链的交易平台。

- OpenBazaar：一个去中心化的市场平台。
- BitFury：规模最大的比特币挖矿基础设施提供商之一。
- Augur：一个建立在以太坊区块链之上的去中心化预测市场。
- Neureal：它提供开源的去中心化人工智能服务。
- Maidsafe：这个分布式平台协助快速、安全地开发应用。
- IPFS：一个点对点分布式文件系统，其目标是取代超文本传输协议（http）。

当然，每天都会有更多的创业公司在区块链这个领域内出现。

区块链需要解决的五大挑战

与许多可能会给世界带来重大影响的颠覆性技术相比，区块链技术有着同样的发展道路。上述挑战得到解决只是时间问题。区块链技术直到2008年年底才出现，而最近几年人们的关注重点才从比特币转移到区块链的巨大潜力上来。尽管区块链看起来可以解决全球的许多问题，但它仍是一项非常年轻的技术，还有很多挑战需要解决。

可扩展性问题

可扩展性是区块链的主要问题之一，至少对公有链来说是这样。最热门的区块链，即比特币区块链，目前规模已经达到190吉字节

（GB），① 并且仍然以每 10 分钟 1 兆字节的速度稳步增长。区块链的理念是分布式网络中的每个节点都要保存区块链的完整副本，因此，如果你想要验证比特币区块链上的交易，那么首先必须下载整个区块链。

针对可扩展性问题，可能的解决办法之一是"区块链修剪"机制。简单来说，这意味着网络中节点使用的只是区块链上经过验证的某个代表性部分，这通常会包括最后几百个区块。完整的区块链只在少数几个节点上可获得。截至本书写作时，关于是否要将区块大小增加到 2 兆字节或 4 兆字节，比特币社区中有很多讨论。很有可能的是，随着比特币的普及，可扩展性仍然是区块链的问题之一。2017 年，可扩展性挑战导致了比特币矿工之间的分歧。因此，某些矿工决定启动硬分叉，创造一种全新的加密货币——比特币现金；后者支持最大 8 兆字节的区块。自那时以来，比特币现金区块链的大小已增长到 159 吉字节。②

对 Hyperledger 等私有链来说，可扩展性不算是个大问题，因为这些区块链中只有对交易处理直接感兴趣的节点。尽管私有链的成本比单一的中心化数据库要高，但如果将被区块链取代的所有中心化数据库成本相加，那么可以看到区块链解决方案仍然便宜得多。

交易速度和成本问题

交易速度和成本也是某些区块链的主要问题。例如，IOTA 正在

---

① 2018 年 3 月的数据，请参见：https://blockchain.info/charts/blocks-size。
② 2018 年 3 月的数据，请参见：https://bitinfocharts.com/bitcoin%20cash/。

开发名为 Tangle 的分布式账簿，可以以零成本无限扩展。然而，比特币区块链正面临严重的交易速度和成本挑战。由于比特币是目前最成熟的区块链应用，因此我们将重点讨论它。在比特币刚刚推出时，几乎可以忽略不计的交易成本让所有人都备感兴奋。人们可以近乎实时地在全球范围内转移资金，并且不需要支付费用。这创造了一个全新的世界：在资金转账的过程中，银行将不再是必需的。然而近期情况已经发生改变：2017 年 12 月 21 日，比特币的交易费用达到平均每笔 54.9 美元的最高水平。

显然，如果你想要进行小额支付，例如用比特币买咖啡，那么这在经济上是不可行的。当然，如果你使用比特币在全球范围内进行大额转账，金额达到数十万甚至数百万美元，那么相比于向银行支付的费用，比特币交易的费用仍然很便宜。不过，如果希望加密货币被广泛接受，甚至有可能取代法定货币，那么就必须使其可用于各类交易中。

交易费变高的原因在于，单个区块的大小目前被限制在 1 兆字节，同时几乎每个区块都被填满。截至 2017 年 9 月 8 日，区块的平均大小达到 993 千字节[①]，这意味着几乎每个区块链都已被填满了交易。在比特币挖矿过程中，验证交易的矿工必须动用庞大的算力（即能源）去进行处理。如果对交易验证的需求不断增加，矿工肯定会优先处理能支付较高费用的交易。经济学初级课程指出，如果需求增加，但供给（即每个区块可验证的交易数量）保持不变，那么价格就会上涨。

① 数据请参见：https://blockchain.info/blocks。

交易费用上升的另一个原因在于新创建的加密货币比特币现金，后者于 2017 年 8 月 1 日与比特币分离。比特币和比特币现金非常相似，这意味着如果比特币现金的挖矿更有利可图，那么矿工就更倾向于从比特币转移到比特币现金，同时迁移的门槛也不高（背后的理由与比特币和比特币现金的协议开发方式有关。如果矿工变少，那么挖矿难度就会降低，矿工就可能赚得更多）。比特币网络上的矿工减少意味着供给减少，进而导致交易费用上升。

当然，比特币社区也意识到了这点，并且正在尝试通过部署专门的解决方案来增加区块大小，从而扩大供给，降低交易费用。关于区块大小的讨论正在比特币社区展开，支持和反对的意见不一。现实情况是，如果这个问题没有解决方案，那么每秒交易数量仍将受到限制，而交易费用将继续上涨。或者，正如以太坊创始人维塔里克·布特林所说："如果一小部分数字黄金就是区块链用户想要的，那么他们可以继续维持这样的限制，甚至收紧限制。但如果比特币用户希望比特币进入支付系统，那么就必须放宽这样的限制。"

安全因素造成的负面形象问题

显然，区块链带来的去中心化方法具备某些优势，使黑客攻击和数据审查变得更加困难，而哈希算法的使用确保了散列内容不可能被检索。已经存在 9 年多的比特币区块链本身还没有遭到过黑客攻击，但围绕比特币的许多服务都曾被攻击过。例如，去中心化自治组织项目就遭到过黑客攻击，损失了近 5 000 万美元。最终，问题不得不通过"硬分叉"才得以解决。全球最大的比特币交易所 Mt.Cox 也遭到过黑客攻击，导致 4.6 亿美元损失。此外，香港比特币交易平台 Bitfinex 曾损失 7 000 万美元。最近，2018 年 1 月，日本交易所 Coincheck 遭到黑客攻击，损失了价值 6.6 亿美元该交易所自己的加密货币 NEM。这些黑客攻击损害了比特币等加密货币的形象。尽管比特币只是区块链的应用之一，但这些黑客活动导致公众不再关注区块链的真正价值。对区块链信息安全的顾虑令外界感到不安。

能耗和成本问题

验证交易需要用计算机去解决复杂的计算问题，因此要用到庞大的算力，成本很高。就能耗而言，比特币是一种无法持续的加密货币。工作量证明的共识机制需要巨大的算力。根据英文媒体 VICE 的报道，2015 年，一笔比特币交易消耗的电力就可供大约 1.57 个美国家庭使用一天。因此，每年的能耗估计约为 16 兆兆瓦时。

欧洲核子研究中心（CERN）每年使用大约 1.3 兆兆瓦时的电力，为大型强子对撞机供电。这也相当于冰岛全国每年的能耗。这几乎是维萨（VISA）能耗的 3 万倍。维萨每年处理 823 亿笔交易，而 2017 年比特币交易大约只有 1 亿笔。随着区块的大小可能进一步增加，计算带来的能耗将继续增加。此外，考虑到许多矿池都位于中国，因此大部分电力来自火力发电厂，这样的能源消耗是不可持续的。尽管矿工有可能转向清洁能源，但区块链挖矿浪费能源的问题依然存在。因为，作为工作量证明共识协议，一部分的计算机计算根本没有价值。除了证明计算已经完成之外，计算本身并不能帮助世界解决问题。在理想的世界中，共识机制应该有助于社会利益，这类似用于训练神经网络的 reCAPTCHA 所做的事情。

在气候问题比较明显的现在，比特币能耗是一个严重的问题。当然，其他一些共识机制，例如权益证明算法，确实解决了这些问题。但许多区块链，包括比特币区块链，仍在继续使用工作量证明机制。除非切换到其他共识协议，否则比特币的能耗很快就会变得不可持续。

人才匮乏问题

区块链技术仍处于起步阶段，因此掌握相关技术的开发者并不多。数以百计的区块链创业公司都想从人才池内挖掘人才。因此，对想要迁移到分布式网络的组织来说，吸引合适的人才正变得越来越困难。

就像几年前的大数据技术一样，大学还需要更多的时间才能赶上行业发展，设计出针对分布式网络的适当课程。这可能导致新应用开发的速度变慢。

与风险相关

2017 年，澳大利亚政府的数据研究和工程中心 Data61 编写了两份报告，详细介绍了区块链技术远期的可能场景和当前的技术应用。Data61 报告描述了在澳大利亚应用区块链可能的机会，包括监控害虫或动植物疾病的暴发，监视边境线，跟踪知识产权，以及建立身份

02 重新认识区块链

系统，加强公民权利、福利和税收义务等方面的透明度。报告还深入分析，为什么2015年和2016年启动的一些主要的区块链项目陷入停滞，这对区块链解决方案所面临问题的研究很有帮助。尽管区块链被认为是全球化世界中某些基本问题的解决方案，但这些问题已经引起媒体关注，并造成了对区块链前景的负面情绪。

自2015年以来，全球各地的银行、监管机构、科技巨头和创业公司完成了数十亿美元的融资，用于探索区块链的价值。然而，到目前为止，区块链唯一真正成功并具备一定规模的应用仍然是加密货币。导致区块链无法应用于其他领域的问题都与风险相关，基本可以分为三类：隐私、欺诈和可扩展性。

在涉及区块链和隐私问题时，将公有链和私有链区分开很重要。公有链不提供隐私保护。比特币系统的隐私保护能力已被证明存在漏洞，甚至根本无法给予较好的保证。这是因为，交易会被全局发布，并且大多数应用没有加密机制。如果这些数据是个人数据，例如个人的医疗或金融数据，那么就会造成监管和法律问题，在全球隐私保护法最严格的德国尤其如此。即使有人尝试加密并隐藏个人信息，统计数据或元数据仍有可能被收集。一种解决方案是只将加密的数据保存至区块链，但这会导致另一个问题：如果用于解密特定信息的密钥丢失，那么数据可能就无法正确恢复。此外，如果密钥被盗并被公布，那么区块链中的所有数据都会被永久解密，因为区块链上的数据是无法更改的。

区块链蓝图 Blockchain

2017年3月,安德烈亚斯·安东诺普洛斯(Andreas Antonopoulos)在非洲区块链大会上发表演讲。他警告称,此前公布的许多区块链项目都是打着创新和颠覆性技术幌子的诈骗。在金融交易中使用区块链也给反洗钱立法带来了挑战。反洗钱系统通常要求所有提供金融服务的机构必须知晓它们客户的真实身份。目前,智能合约和加密货币的一大问题在于容易受到操纵。这也是2017年3月美国证券交易委员会拒绝批准"文克莱沃斯比特币资产信托"注册的一个关键原因。

除了这些与隐私保护和欺诈相关的问题之外,一般来说区块链也不适合大量存储高速数据。自2015年以来,比特币区块链一直受到这个问题的困扰。比特币区块链每秒管理7笔交易。就速度而言,这无法与维萨等公司竞争,后者每秒可以管理最多5.6万笔交易。

正是由于这些缺陷,2015—2017年,一些备受瞩目的区块链项目停滞不前。例如2017年年中,加拿大银行宣布,其区块链项目Jasper尚无法处理交易结算。由于透明度和隐私保护问题,加拿大银行发现,区块链解决方案的风险回报率不佳。

此外,风险并不是导致区块链项目停滞的唯一原因。2017年2月,在经过超过18个月的投资、创新和测试后,由银行和技术专家组成的R3CEV联盟宣布,他们不会在项目中使用区块链,因为没有这样的必要。这件事并没有打击区块链的发展前景或形象,R3CEV仅仅只是在实际应用中做出了这个决定,而判断依据非常基础,即应用是否符合目的。

面对区块链带来的风险和挑战,开发者、投资者和行业推广者的首要事务是探索解决方案。只有这样,他们才能吸引大量用户使用,确保网络运行可靠,创造利润。

在2017年9月在上海举行的第二届全球区块链峰会上,维塔里克·布特林承认了这些问题,并将以太坊项目提出的解决方案作为发展路线之一。在对1 200名政府官员、行业领袖和学术专家的演讲中,布特林建议,安全和隐私问题可以通过创建用户账号(针对由中央机构管理的网络),或称作SNARK和STARK的零知识证明技术(针对公共网络中的问题)来解决。

SNARK是一种简单、无交互的知识证明技术,支持提取验证信息作为附加证明发布至网络。STARK则是一种规模灵活、透明的知识证明。这种零知识证明技术通过提供统计上或概率上可检查的证明来对流程进行验证。这些措施可以利用数学手段优化链上每个区块的防御性验证。

为了解决安全性和扩展性需求引起的问题,以太坊的开发者将"分片"(Sharding)技术作为一种可能的解决方案。单一节点处理的交易量与整个区块链是一致的。在很大程度上,这就是为什么比特币的交易能力被限制在每秒3~7次,而以太坊每秒只能管理7~15笔交易的原因。以太坊的前景之所以被看好,也是因为分片将改变区块链的验证方式。小部分网络节点将验证每笔交易,这就称作分片。这意味着,以太坊区块链可以在确保安全的同时更容易扩展规模。此外,还有人在开发更好的解决方案。例如,物联网区块链创业公司

IOTA 目前提供了新版本的区块链 Tangle，带来了无限的可扩展性。

然而，仍有很多问题尚未得到解决和回答。例如，实施这些创新的时间表仍不明确，而这些创新的性能仍有待测试。重要的是，在发展过程中，技术人员和用户一样需要投入资源。这也让人联想到 1989 年困扰互联网发展的路由安全问题。当时人们对互联网知之甚少，不知道如何解释互联网，常常只能用"冲浪"和"高速公路"这样的词汇来描述互联网。

归根结底，区块链技术可以协助优化防御性信息安全策略，尤其是在身份验证和访问权限等方面。解决方案尚处于探索阶段，这些解决方案据称可以优化当前互联网的安全性和隐私保护能力。新的信息安全威胁每天都在出现，而旧威胁仍然挥之不去，并可能被再次利用。区块链技术并不会成为解决信息安全问题的"万灵药"，但这肯定是一款强大的工具，有助于强化各种系统。

去中心化的分布式社会

近年来，技术极大地改变了商业和人类生活的方方面面。不幸的是，我们的经济、法律和政治制度没有跟上这样的技术变化。我们的行政管理也没有跟上，我们的经济、法律和政治制度仍然以非常官僚的方式运作。因此，这些系统的效率往往低下，缺乏透明度，并且容易受到欺诈行为的影响。区块链技术可以带来改变，去中心化、分布式的社会蕴藏着丰富机遇。哈佛商学院教授马尔科·兰西提（Marco

02 重新认识区块链

Lansiti）和卡里姆·拉哈尼（Karim Lakhani）认为，区块链"不是一种革命性技术，而是一种基础技术，有可能为我们的经济和社会体系创造出新基础"。为我们的经济、法律和政治制度建立新基础需要时间（可能长达几十年），并将遭遇多方面不同的挑战。然而，一旦我们完成这种转型，就可以获得更好、更透明、更公正的经济、法律和政治制度。

去中心化、分布式、点对点的世界将带来许多优势，这些优势恰恰是当前的经济和社会制度所缺乏的。通过消除中介机构，经营成本将会降低，智能合约将根据预先定义好的条件自动执行，社会将被重塑，而我们将不再严重依赖中介机构，无论是政府机构还是营利性组织。当然，迁移到区块链上的组织也将获益：**区块链将帮助它们降低成本，减少欺诈，提供更优质的服务，变得更透明，最终成为更优秀的公司**。不过，本书所要讲述的并不是公司如何使用区块链技术。如果你想要了解如何运用区块链技术提高公司的盈利能力，那么我们建议你把本书放在一边，读读其他介绍企业级区块链的书。这些书通常写得也很好。本书关注的是由于落后的经济、法律和政治制度，我们社会面临的许多"恶劣"问题。我们的目的是解释区块链如何帮助制度赶上技术发展。我们真切地相信，如果政府和组织专注于将区块链技术用于造福社会，我们就可以为全人类创造一个更美好的世界。因此，我们将重点关注那些对社会造成负面影响的问题。对于所有这些问题，我们都将讨论问题的性质和特点。这个问题的范畴和影响是什么？我们为什么要关心这个问题？到目前为止，我们已经尝试了哪些办法来解决这个问题？针对性的区块链解决方案是什么？去中心化、分布式的方式如何为解决"恶劣"问题带来新的洞察？我们将深入探

区块链蓝图 Blockchain

讨当前的最佳实践、存在的障碍以及打破障碍的最佳解决方案。我们将在本书中讨论如下六大应用场景。

- 身份盗用
- 贫困
- 气候变化危机
- 腐败、逃税和洗钱
- 不公平贸易
- 投票舞弊与投票障碍

通过运用去中心化的区块链来解决上述"恶劣"问题,我们将创造一个能给当前制度带来帮助的点对点世界。尽管技术发展至少需要10年或更长的时间,但一旦建立基于点对点协作的去中心化、分布式社会,我们就能进入一个更美好的世界。

02 重新认识区块链

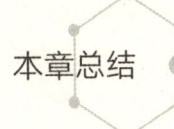
本章总结

一窥未来的景象

区块链是一种分布式账簿技术，可以确保数据和合约保存在透明、共享的数据库中，同时在共识机制和加密技术的帮助下确保数据不被删除、破坏或修改。哈希算法可以保证我们始终能掌握文档、所有权或交易不被修改。区块链记录不可篡改的特性确保我们可以回溯交易源头，同时跨时空知晓并监控参与该交易的人员。除交易之外，区块链还可以保存智能合约，即一些复杂的"If/Then"协议。这些合约用代码编写，可以在不同司法管辖区被理解。一旦满足某些预设条件，合约就会自动执行特定操作。如果你开始将一个或多个智能合约与大数据分析和人工智能技术结合在一起，那么就有可能开发去中心化应用，甚至去中心化自治组织。去中心化自治组织是没有管理层和员工等角色的组织，完全由代码运行，而代码中也加入了数据治理。通过这种方式，当前组织运行的范式将完全改变。

区块链和已经开发出来的数百个去中心化应用，让我们得以一窥未来的景象。区块链仍处于开发早期，还有很多开发工作有待完成。但我们现在就可以看到，不需要高成本中心化管理实体、由智能合约运行的去中心化应用带来了巨大的优势。它们的运行成本更低，效率更高，更难被政府或中心化组织操控，同时比现有的应用更安全、更透明。这些技术和应用，包括区块链、智能合约、去中心化应用和去中心化自治组织，有助于建立更美好的世界。

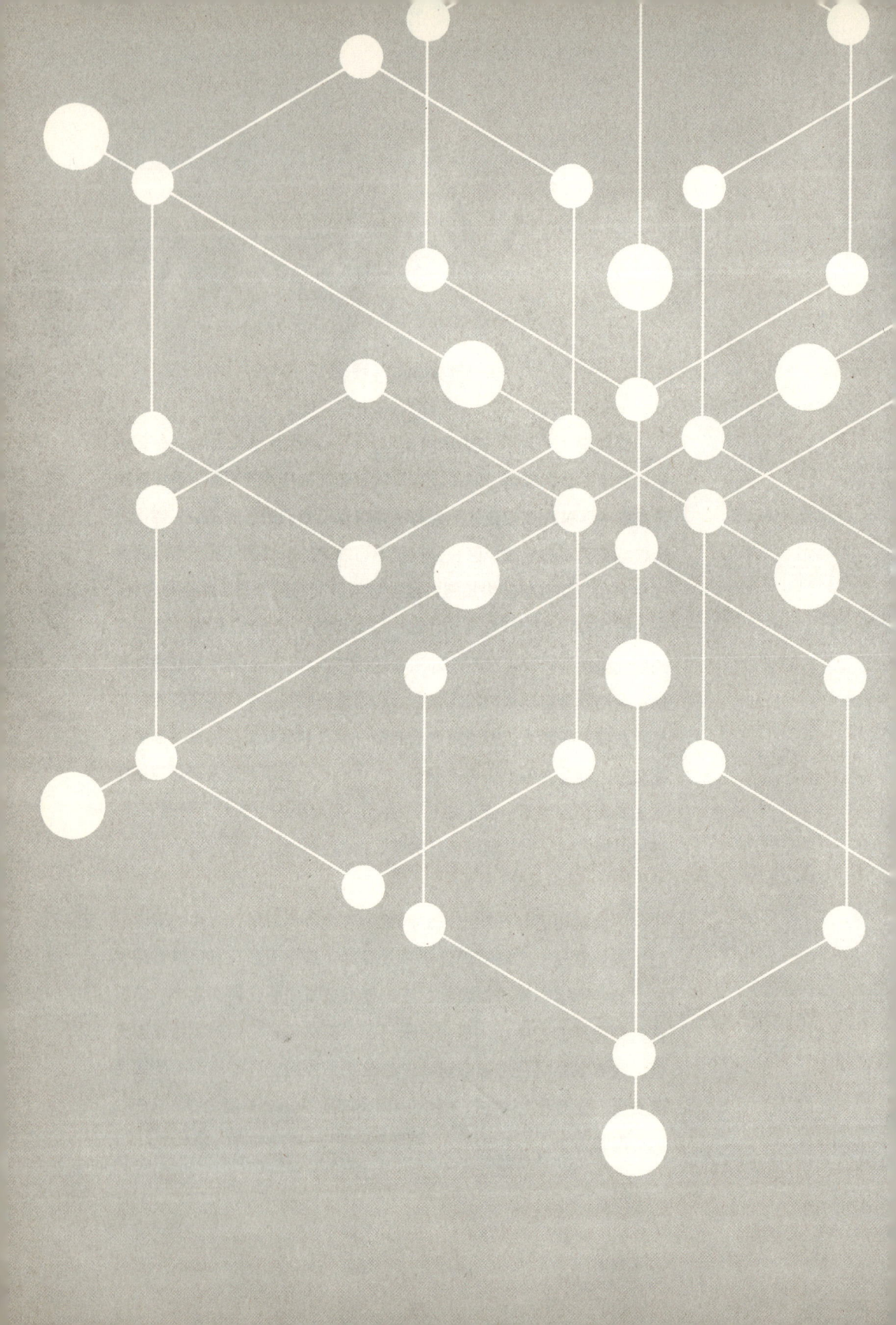

第二部分

区块链的六大应用场景

Blockchain

读懂区块链

1. 区块链有着解决身份危机的巨大潜力。"区块链上的身份"不可篡改，可追溯、可验证，大大降低了身份盗用的可能性，使身份验证变得更无缝、更简单，并将控制权还给用户。

2. 区块链给贫困群体提供了改善生活、实现数字资本变现和脱贫的机会，并将由此带来真正的范式转变。基于区块链的金融机构可以以极低的成本提供即时贷款，帮助贫困群体改善生活，建立或发展他们的生意。

3. 除了识别和验证用户身份之外，区块链还可以追踪资产转移。每笔交易都具有唯一性，加密货币本身的行为方式与有标记票据类似：从创建文本的那一刻开始，任何单个单位或文件在网络中转移时踪迹都可以追溯。

4. 清洁能源科技带来了许多缓解气候变化的机会，而区块链也可以在其中发挥重要的作用。除了采用区块链技术的智能电网之外，区块链还可以通过其他多种方式协助减少碳排放，影响碳定价，使能源数据分析成为可能，并进一步优化能源分配，建立分布式、去中心化的智能微电网。

5. 区块链技术可以优化贸易的所有参与者，包括终端消费者的体验。区块链使购买者、接收者可以追踪货物流动和交换信息。与此同时，包括历史、运输情况、发生事件和所有权在内的各种信息都可以用于验证真实性。

6. 一旦组织和地方政府开始熟悉基于区块链的在线电子投票和电子代理投票，那么就将让人们重新掌握决策过程，发展出高效、可信赖、不可篡改、可验证的选举制度。

03

自主主权身份，破解身份盗用难题

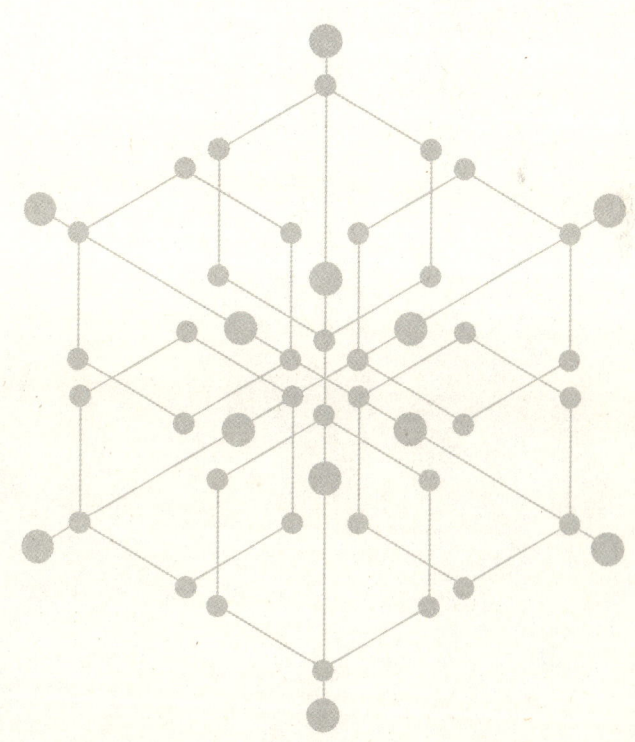

Blockchain

身份（Identity）：

<u>关于某个人是谁以及某事物是什么的事实。</u>

03 自主主权身份，破解身份盗用难题

身份信息系统缺陷，造成被盗用的人生

2010年年初，与丈夫快乐地生活在以色列的澳大利亚人妮科尔·麦凯布（Nicole McCabe）莫名其妙成为阿联酋一起政治谋杀的主要嫌疑人之一。当时，34岁的妮科尔怀孕6个月。一个星期三，她开车外出时听到广播里说，几天前在迪拜的一间酒店房间里，哈马斯领袖马哈茂德·马巴胡赫（Mahmoud al-Mabhouh）遇刺身亡，而她是为此负责的刺客之一！然而她从未去过迪拜，而且在怀孕6个月的情况下，她也不可能是谋杀案的嫌疑人。妮科尔成了身份信息被盗的受害者。不知何故，杀手利用她的个人身份信息伪造了假护照，并使用这本护照进入迪拜。结果，她现在因为在迪拜的谋杀案而被通缉。同时受到身份盗用的还有其他17名欧美人士。最后证实，他们的身份被听命于以色列间谍机构摩萨德的杀手小组成员盗用了。

2012年年初,居住在西雅图的美国人海伦·安德森(Helen Anderson)①不得不经常前往俄勒冈州的波特兰,照顾健康状况不佳的女儿。因此,这位64岁的退休护士邀请侄女萨曼莎照看自己的房子。当海伦于2012年10月回家时,她发现侄女让一名吸毒者艾丽斯·利普斯基(Alice Lipski)在房子里居住。海伦让艾丽斯离开了,但她已经遭受损失。在海伦离开期间,艾丽斯从海伦保存在家里的邮件和收据中窃取了她的个人身份信息,使用这些信息冒充海伦的身份。艾丽斯注册了帮助公民避免身份被盗的信用监控服务,向其报告所有不活跃信用卡被盗,从而获得了新卡、用户名和密码。艾丽斯使用这些新卡购买食品、服装,支付汽油费,并前往赌场消费,在短短6个月的时间里就花掉了3万美元。截至被捕,艾丽斯通过利用海伦和其他数十名受害者的身份信息,总共盗用了近100万美元。

2013年,艾克斯顿·贝茨-汉密尔顿(Axton Betz-Hamilton)在母亲去世后,发现自己也成了身份信息被盗的受害者。身份信息被盗的经历令人抓狂,而如果你发现盗用你身份信息的人就是你母亲时,那感觉更糟。在近20年的时间里,艾克斯顿的母亲尽管看起来有着幸福的婚姻,但她却有着一些令人不齿的行为。在这些年间,她盗用了丈夫、女儿和公公的身份,从自己的家人处骗走了数千美元。20年来,由于母亲的行为,艾克斯

---

① 这里对部分受害者和犯罪嫌疑人使用了化名;使用真名的案例都是已公开的。

顿和她的父亲陷入了麻烦之中。身份信息被盗导致艾克斯顿的信用评级降低，为此她不得不支付数百美元的滞纳金以及比其他人更多的信用卡利息。除身份信息被盗带来的各种麻烦之外，艾克斯顿还得面对母亲形象坍塌带给她的巨大的心理冲击。

纳克莎·豪尔（Nakeisha Hall）已经为美国国税局纳税人辩护服务处工作了10多年，工作内容是帮助那些身份信息被盗的受害者。然而，纳克莎不仅在帮助受害者，自己也从中钻空子。由于可以访问美国国税局的数据库，她可以调出纳税人的姓名、出生日期和社会保障号码。她利用这些个人身份信息提交虚假的纳税申报表，申请借记卡的退款，从中牟利，用于挥霍。她一共从那些需要自己帮助的人手中偷走了超过40万美元，而她原本打算偷上百万美元。在就盗用身份信息和税务欺诈认罪之后，她被判处9年监禁。

在类似纳克莎从事的身份信息盗窃案中，妮科尔、海伦和艾克斯顿并不是仅有的几名受害者。实际上，仅仅在美国，每年就有超过1500万人遭遇身份欺诈和身份信息被盗，导致每年高达500亿美元的经济损失。身份被盗的形式多种多样，有可能对某人的生活造成持续多年的严重影响。不幸的是，由于我们的大部分沟通都是以数字方式进行的，因此窃贼和黑客在盗用个人身份信息时变得越来越娴熟，相关犯罪活动也变得越来越容易。然而，身份信息也越来越重要。目前，如果不想提供自己的个人身份信息，那么几乎无法购买任何服务、订阅产品或金融服务。即使你想买酒或是进入酒吧，你也必须先证明自己是谁；实际上，店家需要知道的唯一信息只是你是否成年了。

身份信息系统正出现缺陷，导致个人隐私常常在不必要的情况下被侵犯，让许多人成为身份信息被盗的受害者。《世界人权宣言》第六条指出："人人在任何地方都有权被承认在法律面前的人格。"因此，身份是一项基本人权。不幸的是，根据世界银行的数据，全球大约有15亿人未获得官方认可的身份信息，其中大部分人生活在非洲或亚洲。这些人没有政府颁发并获得官方认可的身份文件，进而无法获得基本服务，因此属于弱势群体。所以，在我们生活的数字社会中，现在到了需要做出改变的时候。如果我们想要解决本书中探讨的某些"恶劣"问题，那么首先需要解决身份问题。看起来，区块链或许是解决这个问题的最佳技术。在深入探讨如何解决身份问题以及区块链扮演的角色是什么之前，让我们首先来看看，身份实际上是什么，因为身份可能并不如你想象的那么简单。

认知身份：了解你自己

希腊德尔菲阿波罗神庙的前院里刻着一行字："认识你自己。"自那时以来，哲学家、心理学家、科学家、诗人、作家、艺术家和政治家都对这个话题进行过探讨与辩论。柏拉图将其称作由来已久的智慧。而根据苏格拉底的说法，"认识你自己是智慧的起点"。回答这个问题似乎很容易："我是谁？我的身份是什么？"但是实际上，这比人们想象的困难得多，许多人对"身份是什么"都有不同看法。假如

03 自主主权身份，破解身份盗用难题

你持有政府签发的身份证件，例如护照或驾照，那么你的身份是否就是这些证件？你的身份是否是父母给你起的名字，或者朋友对你的称呼？身份是否是你的Facebook、Twitter或领英用户名，还是你在公司的工号，或者你的社会保障号码及信用卡号码？如果你的信用卡号码被盗，那么身份是否就被盗？你在网络论坛上使用的用户名以及在交友网站创建的用户名是否算是身份？如果这些网站被黑客攻击了怎么办？如果你患上阿尔兹海默病，忘了自己的名字，那么你是否就失去了自己的身份？如果你患上精神分裂症，是否就有了多重身份？

这些只是关于身份的小部分问题。一旦你确定了自己是什么身份，我们就必须研究身份的持续性：哪个你才是你自己？你的身份是你的今天、昨天，还是明天？这是来自你的外表、你被感知到的身份，还是你本人的感受、想法或行为？如果你改变自己的态度、行为，甚至你的身体（你身体的细胞会不断自我更新），那么是否就改变了你的身份？此外，你感知到的身份是否不同于你的真实身份？你对自己和自身性格的认知可能会与其他人不同。你或许认为自己是害羞而内向的人，而他人则觉得你是自信而外向的人。我们感知自己身份的方式决定了生活体验，那么这是否意味着其他人如何看待你会决定你身份的一部分甚至全部？

在现实世界里或许很难回答这种充满哲学意味的问题，但正如我们即将看到的，在数字世界中这个问题容易解决得多。或许你可能已经发现，身份比你想象的复杂得多。这还没有涉及群体身份以及所有连接至互联网的设备：它们是否也有身份？

属性决定了你，无论你怎么看待自己

从上面提出的问题中可以清楚地看到，身份是由许多不同属性构成的，这些属性在优先级和持续性方面也会不断变化。某些属性，例如你的姓名和社会保障号码，会伴随你的一生，除非你因特殊原因而改名。其他属性，例如你的工号、学号、联系地址或电话号码，都会不断发生改变。某些属性会伴随你几年或更长的时间，而另一些属性则非常短暂，例如你在网络论坛或网站上的用户名。每个属性都包含相互不同但唯一可识别的特征。这些特征和特征的组合决定了你是谁——无论你怎么看待自己。

大部分这些属性的特征之一在于，它们是数字化记录，即它们是数据。你的社会保障号码、姓名、生日和地址保存在政府数据库中，你的证书和工号则被教育机构、公司所记录。用户名、电话号码、信用卡详细信息，以及更多的属性被商业机构或非营利性组织保存，例如银行、电信公司或是当地超市。甚至你的外表和身体特征可能也会保存在电子健康记录中。因此，你的身份分散成了数千个片段，保存在全球数以千计的数据库中。对于这些数据库，你可能只有有限的控制权（如果说你有控制权的话）。有些机构可能只记录用户名，而另一些机构，例如美国海关，可能希望获得你的生物识别信息、社会保障号码、地址以及更多信息。这就揭示了身份问题的挑战之一：身份以数字方式分布在虚拟世界中，你不可能总是非常清楚谁掌握了你的身份。

并不是所有属性都可以被记录在数据库中。例如，只有认识你的人才会知道你的个性，包括你是否幽默、是否值得信任。只有在一些非常

03 自主主权身份，破解身份盗用难题

特殊的情况下，这些信息才会被记录下来。这些属性是你身份非常重要的方面。然而，随着优步、Facebook、eBay、领英甚至 Tinder 等在线服务的发展，它们会在大型数据库中记录你的信誉或名声。如果你想要使用这些服务，信誉就会发挥越来越重要的作用。例如，无论你是司机还是乘客，如果你的优步或 Lyft 用户评分低于某个值，那么你就无法再使用该服务。只要你希望继续使用这些系统，相关公司就会针对你建立起强大的控制机制，让你有动机以这些公司想要的方式去行事。由于每笔交易和每次互动都可能被记录，信誉正变得越来越重要。

信誉是你的"品牌身份"

近几年，线上信誉系统快速发展，大部分知名互联网服务都会使用某种信誉分。TripAdvisor 对酒店和目的地进行评分，优步对司机和乘客进行评分，爱彼迎对房东和住客进行评分，Glassdoor 对组织进行评分。因此，信誉已成为我们生活中的重要方面，并激励良好的行为。我们预计，由于区块链的应用，信誉将获得可追溯和不可篡改的特性，因此这种趋势未来几年将继续得到加强。

此外，不仅仅只有个人需要维护自己的身份和信誉；各类人群，包括组织、企业和机构，也具备身份和信誉。我们称其为"品牌身份"。你需要为品牌确立身份，让组织建立起身份和信誉，并管理使用身份和信誉的方式。这非常重要。显然，组织也有多种属性来构成自己的身份：组织文化、员工、品牌形象、公司符号和标志、领导者、规章制度、提供的产品和服务，以及客服等。所有这些属性在相互作用中构成了公司的身份和信誉。在你与某家公司打交道时，该公

司的身份也会影响你的身份和信誉。以苹果公司为例，用户希望用苹果的产品来彰显自己的身份，并且看重与苹果品牌相关联的属性，例如创新性、赋能用户、激情和抱负等。此外，苹果也有自己的信誉。这样的信誉是通过数十年的产品开发以及与数十亿用户的互动建立起来的。实际上，2017 年，苹果在信誉研究所（Reputation Institute）的"全球企业信誉 100 强"中排名第 20 位。这个排行榜衡量公众对全球主要公司的看法。因此，组织也具备特定的身份和信誉，并直接影响其用户身份。

最后，正如此前已经简单提到过的，机器也被赋予了身份；在物联网领域尤其如此。在物联网中，设备和机器连接至互联网，并且可以与其他设备和他人展开互动。与人和组织一样，机器具备各种属性以及构成身份的信誉。包括设备类型，例如一辆汽车；版本，例如型号 A、B、C；设备特征，例如红色、有 4 个轮子、电动的、可以使用 3 年等。此外，汽车也有自己的信誉，例如在通信中响应能力如何，是否能与其他的道路参与者交流（对自动驾驶汽车来说），行为方式是否与发出的信号相符（例如，某辆车发信号说要超车，那么如果没有超车，就可能会在道路上引起麻烦）。所有这些都构成了该汽车的信誉。信誉高，其他设备和人就会愿意与其打交道。你是否愿意坐上一辆信誉很差的自动驾驶出租车？很可能不会。当机器开始相互交易时，例如在本书后面章节中讨论的智能电网中，用电价格可能会根据设备信誉上涨或下调。回到自动驾驶出租车，信誉更高的出租车，其收费可能会比信誉差的车辆要高。

机器的身份可能会变得非常复杂。考虑到今天典型的汽车大约有

3万个零部件，如果每个零部件都有自己的身份，并具备多方面的属性和信誉，那么汽车的信誉很快就会变得极其复杂。当然，或许并不是所有这些部分都会连接至互联网，但这仍然表明，机器身份和机器间的互动可能很快会变得复杂起来。区块链可以确保所有这些互联设备信息的不可篡改和可追溯，因此非常重要。

影子信誉正变得越来越重要

由于我们生活在网络经济中，人、组织和机器在不断变化的网络中互动，身份的最后一个属性正变得越来越重要。这就是我们所说的"影子信誉"。在网络中，信誉是由与你互动的对象（包括人、公司和机器，即你所处网络中的参与者）形成的。与值得信任的参与者打交道不仅有助于提升你的信誉，也会改变你的身份。反之亦然，与不值得信任的参与者（例如罪犯）打交道，会对你的信誉和身份造成负面影响。你可以将这样的机制类比为"结交坏朋友"。如果你与"坏朋友"联系得太紧密，就会直接影响人们看待你的方式，进而影响你的身份。关于你是谁，其他人如何看待你，这种影子信誉将发挥影响。

影子信誉不仅会影响人，也会影响组织和机器，并且与它们的身份产生深层联系。一个有趣的典型案例发生在2008年全球金融危机期间。银行员工，尤其是供职于被迫接受救助的银行的员工，在聚会上非常不愿意谈论他们在做什么、在哪里工作，因为这会引来怪异的目光和难以回答的问题，外界会因为这样的信息几乎立刻改变对他们的看法。这就是影子信誉的一个例子：银行当时的信誉很差，直接影响了人们对银行员工的看法。当然，适用于人和组织的逻辑也适用于机器。如果智能电网中有许多机器的信誉都不好,那么智能电网自身的信誉就会减弱。

区块链上的身份究竟是什么

那么,身份是什么?我们已经讨论过身份的不同方面:不仅人有身份,组织和机器也有。身份由数不清的属性组成,这些属性会随时间推移而变化,总是在不断发展。身份也包括你的信誉、你对他人的行为和做法。最后,你的信誉还包含影子信誉:所处网络中其他参与者的信誉通过他们与你的互动而对你的信誉造成影响。属性、信誉和影子信誉的概念永远与身份关联在一起,而借助区块链,这一切将变得不可篡改,可追溯、可验证。这将改变一切。不过,在实现这个目标之前,我们还有一些挑战需要探索。接下来,让我们看看区块链上的身份意味着什么(见图3-1)。

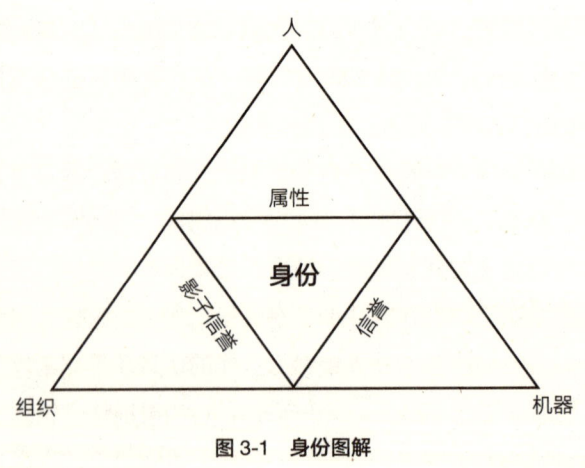

图3-1 身份图解

身份面临的三大挑战

让我们回过头来看看妮科尔、海伦和艾克斯顿身份被盗的案例。在现有的身份系统中，身份被盗只是众多的挑战之一。我们的全球身份系统是在现实世界中开发，并且是为现实世界的需求开发的。尽管我们已经进入数字时代，但身份系统并没有跟上。身份的现有问题与安全性（个人身份信息分布在数千个数据库中，通常并不安全）和个人习惯（你入住的酒店会复印你的护照）有关，导致身份信息很容易被盗。此外，由于身份仍然存在于现实世界，因此身份的验证成本很高，非常麻烦，并且很容易出现漏洞。另一方面，在线身份验证机制已经严重过时，许多网站仍支持使用"abcd1234"或者"password"作为密码。与此同时，线下身份验证需要各种额外提供的个人身份信息，这些信息往往与实际目的并不相关，但由于没有其他好办法，因此不得不这样做。例如，当你去商店买酒时，判断是否合法并不需要用到姓名。最后，最严峻的挑战在于，全球有15亿人没有自己的身份，因此无法获得银行服务、工作保障、教育和其他人权待遇。如果我们希望解决这一问题，那么所有人都应该拥有可验证的个人身份。接下来，让我们简单地讨论一下这些挑战。

身份盗用

身份盗用是个严重的问题，它以各种各样的形式存在。妮科尔的例子（刑事身份盗用），以及海伦和艾克斯顿的例子（两者都是金融身份盗用）是最严重的形式，会给受害者造成长期影响，同时给全球经济造成数十亿美元的损失。然而，身份盗用还有其他形式，例如死者身份盗用、社交媒体欺诈、医疗身份盗用、合成假身份、税务身份盗用和商业身份盗用。

- **刑事身份盗用**：盗用你的身份是为了进行某种刑事犯罪。例如在妮科尔·麦凯布的案例中，身份盗用是为了谋杀知名人士。
- **金融身份盗用**：你的信用卡或银行账户的详细信息在网络钓鱼或窃听中被盗。犯罪分子将使用信用卡的可用额度购物，或直接从你的银行账户中非法提现。
- **死者身份盗用**：数百万的死者身份被盗，黑客使用这些身份申请信用卡、消费信用额度或购买其他产品；通常情况下，这会给死者家属造成严重的损失。
- **社交媒体欺诈**：数以百万计的用户将个人身份信息上传至社交媒体，其中包括电话号码、地址、出生日期、就读学校、昵称，甚至新收到的信用卡照片。由于这些信息对所有人都可见，因此犯罪分子很容易盗用你的身份。
- **医疗身份盗用**：犯罪分子使用你的医疗信息申请"免费"医疗，这可能给受害者造成经济损失，并影响其医疗记录。
- **合成假身份**：这是最复杂的身份盗用形式之一。犯罪分子使用你的社会保障号码，将其与假信息结合起来，虚构新的身份。
- **税务身份盗用**：纳克莎所做的就属于此类。盗用的个人信息被用于退税诈骗。
- **商业身份盗用**：利用假身份获得信息，或者为尚未交付的服务或产品开具账单。各类组织都可能遇到这种情况。

2017年4月，Facebook和谷歌承认遭到了1亿美元的商业钓鱼诈骗。

身份被盗用可能给受害者造成严重的后果，包括经济损失、无法获得信贷、找工作遇到麻烦、受到精神压力以及很难消除虚假记录等。然而不幸的是，身份盗用似乎变得越来越容易。用户的个人身份信息散布在网络上，涉及数千个数据库。组织机构常常在不必要的情况下记录用户身份。例如在澳大利亚，许多酒吧和注册俱乐部要求顾客出示政府颁发的身份证件，并进行扫描登记。此外，许多酒店在登记入住时仍然需要用到顾客的护照，对护照进行（数字）复印。在欧盟，酒店甚至被要求收集个人身份信息，例如姓名、国籍和本国身份证号码，从而让执法部门可以核查嫌疑人、罪犯以及失踪人员。目前尚不清楚政府如何储存这些信息，保存多长时间，以及更重要，存储方式是否安全。

犯罪分子从潜在的受害者那里获得的细节越多，就越容易盗用他们的身份，并以各种方式使用这些身份。在推动身份系统现代化之前，身份盗用将会是一个重要的问题，并将持续存在。

身份验证

验证身份可能很简单，例如出示一下身份证；但也可能耗时费力，涉及各种类型的文件，并且需要回答一系列的问题以证明自己是谁。无论是在线上还是线下，对身份的验证无时无刻不在进行。澳大利亚邮政数字化交付中心总经理卡梅隆·高夫（Cameron Gough）表示:"现实世界中存在多种被广泛接受的方式,用于证明你是谁,例如出示驾照或护照。然而在数字世界里,我们没有这些工具。因此,组织需要在诈骗风险和便利性之间做出权衡。它们希望避免出现诈骗,但通常情况下,为了此类目的而引入的机制,会给客户带来不便。"如果你想要使用银行、电信公司、社交媒体网站或在线零售商等组织提供的服务,那么都要证明自己的身份。这通常是因为监管规定,例如与"客户身份验证"(KYC)相关的规定。在客户身份验证流程中,服务提供商,尤其是金融机构需要验证客户的身份,以防洗钱或恐怖主义活动融资。其中包括多方面的检查确认,以及创建特定文档。每次你在新银行开户时,都必须重复完成相同流程,即使你此前已经通过了另一家机构的验证。客户身份验证要求金融机构知道你的身份,你在从事什么活动,并评估洗钱风险。不过,部署客户身份验证流程的并非只有银行,其他公司也在使用客户身份验证流程来确保与它们打交道的人或公司是合法的。

近年来,客户身份验证已经发展到"客户的客户身份验证"(KYCC)。这相当于将客户身份验证的要求提升到更高的水平,因为你需要知道,自己的客户在与什么人打交道,他们的资金来源是什么,以及他们的洗钱风险如何。确保合规的唯一方式是证明资金和交易的合法性。因此,从 2018 年 5 月 11 日开始,"客户尽职调查最终规则"在美国生效。2017 年 6 月,"四号反洗钱指令"在欧洲生效。这两项监管规定都要求公司持续监督客户和客户的客户,从而减少可疑交易、风险和金融犯罪。但意料之中的是,确保这些监管规定的合规耗时费力,成本高昂。但发生不合规的行为则可能导致巨额罚款,信誉遭到损害。

03 自主主权身份，破解身份盗用难题

身份验证在我们的生活中不可或缺，以至于我们甚至没有注意到身份验证系统已经严重过时了。尽管采取了各种安全措施，例如客户身份验证和客户的客户身份验证（或者说未来还可能进一步出现"客户的客户的客户身份验证"），身份验证仍不安全。全球范围内身份盗用规模庞大，伪造身份或购买假身份非常简单，这些都是明确的证据。此外，公司保护客户和客户的客户的数据越多，数据被黑客盗走的风险就越高，因为并非所有的公司都会确保最高级别的安全性。同时，人们必须不断地在网络上提供自己的详细信息，并记住更多的用户名和密码信息。结果就是，人们习惯于使用非常简单的密码，从而造成更大的风险。

在许许多多不同的地方提供身份信息对我们来说已经习以为常，这导致我们并不觉得这样做有什么不妥。毕竟，如果你去商店买酒，肯定没必要让店主知道你的姓名与年龄，店主唯一要确认的就是你的年龄是否已达到买酒所规定的合法年龄。这只是一个布尔表达式，最终产生一个布尔值，即真或假，仅此而已。那么，为什么店主需要查看政府颁发的身份文件？这些文件中包含大量毫无必要的个人识别信息，可能会侵犯隐私。答案很简单，并且令人不安：目前没有其他解决方案。所以现在你可以清楚地看到，身份验证系统面临许多挑战，而现有系统已经不适应 21 世纪的需要。

身份信息缺失

身份盗用和身份验证是与身份相关的两大挑战，但我们面临的最大挑战在于，庞大的人口尚没有自己的正式身份。在参与社会经济活

动时,拥有能得到证明的身份是必需的,因此身份信息缺失可能会造成严重的不利影响。然而大约有 15 亿人,即全球人口的 20%,没有获得任何官方认可的身份证明。这些人中的大多数生活在发展中国家,已经需要面对许多其他"恶劣"问题。身份信息缺失导致这些问题变得更严重,因为这阻碍他们加入现代经济,无法投票,也无法获得基本服务,例如开设银行账户或者使用通信服务。此外,这些缺乏身份证明的人群正面临日益严重的人口拐卖风险,因为他们在法律面前完全隐身,所以也无法主张任何权利。拥有官方认可的身份是联合国《世界人权宣言》所承认的基本人权,但仍然有很多人没有这样的身份。

没有正式文件去证明身份会给个人带来问题,而缺少最新的人口数据也在阻碍地方政府发展和提供适当的社会服务。公私合作项目 ID2020.org 希望解决身份缺失问题。根据该项目的数据,有 100 多个国家缺乏有效的公民登记和出生统计系统。因此,大约有 2.3 亿儿童在出生时没有登记,在官方看来他们不存在于这个世界。缺乏准确的人口统计数据会导致企业、政府和非政府组织无法流畅地开展业务活动。如果你根本不知道在和谁打交道,以及与多少人打交道,那么就无法制定适当的规划,确定适当的预算。对已然面临多个其他"恶劣"问题的国家来说,这是真正的挑战,而解决这些挑战通常要从解决身份问题入手。只有拥有身份证明后才能开设银行账户,参与投票和经济活动,从而刺激经济增长,为自己和整个国家创造更美好的未来。

印度正努力赋予所有公民合法的身份。2009 年,印度政府启动了 AadHaar 项目。这是全球最大的生物信息识别系统，目标是为每个印度人提供政府颁发、关联至他们详细生物识别信息的身份证，并根据他们的生物识别信息和人口学信息分配 12 位数字的证件号。截至 2017 年 4 月，在这个系统中登记的人口已经达到 11.33 亿，占 18 岁以上印度公民的 99%。这个身份平台，每天可以完成 100 万人的注册登记。这样的身份证明使印度公民可以随时随地方便地通过在线渠道获得政府服务。此外，通过应用程序接口（API），该系统与银行等其他非政府机构进行连接，让其他机构也可以更方便地完成客户身份验证合规。关于政府如何发展 21 世纪的身份识别系统，AadHaar 是个很好的案例。不过，与其他规模相似的项目一样，这个系统在设计中能否确保安全和用户隐私也遭到了质疑。

尽管类似 AadHaar 的项目正在发展，但数以百万计的人口仍然缺少政府颁发的正式身份证明，这导致他们在生活中困难重重。身份领域的挑战导致我们难以解决本书探讨的许多"恶劣"问题。因此，目前是时候将身份识别系统升级到 21 世纪的版本，将身份信息加入至区块链。这不仅有助于解决贫困和欺诈等问题，还可以帮助组织在不侵犯客户隐私的情况下开发更好的产品和服务。

不可篡改，可追溯、可验证的区块链身份

尽管 AadHaar 是为 21 世纪设计的身份识别系统，但其设计并非基于区块链。因此，与身份相关的各种问题在这个系统中依然存在。区块链有着解决身份危机的巨大潜力。"区块链上的身份"不可篡改，

可追溯、可验证，大大降低了身份盗用的可能性，使身份验证变得更无缝、更简单，并将控制权还给了用户。在区块链上构建的数字身份就像是数字水印，可用于验证文档的真实性，类似于在护照等传统身份文件中加入水印的做法。利用这样的数字水印，任何有权访问区块链的组织都可以实时检查每笔交易参与者的身份。如果这样的检查成为可能，那么就不再可能发生诈骗。因此根据朴次茅斯大学的研究，身份信息上链是个价值 4.2 万亿美元的市场机会，即全球每年因诈骗付出的成本。与今天的情况不同，在这样的系统中验证某人的身份几乎是零成本，因为用户只需要在必要的情况下"出借"数字身份，而无须透露与该交易不必要的任何信息。

然而，在进一步探讨这个话题之前，我们需要澄清的一件事是，身份上链并不等同于将个人识别信息，例如护照号码、社会保障号码或任何其他属性上链。区块链用于管理密钥，及时锚定数据记录使其不可篡改，并在必要时发现这些记录。区块链永远也不应该用于保存个人识别信息。原因很简单。例如，将个人识别信息关联到某个加密货币，意味着信息将会无限期地保存在这里，并且始终可追溯。如果这样做，那么就意味着只要使用一个或几个加密货币来关联这些属性，就会立即暴露这些加密货币间的相关性，即使你无法解密这些数据。此外正如我们此前所说，身份属性会随时间不断演变，因此不可能是你希望保持不变的东西。今天合法的属性明天就可能变成非法的。相反，如果我们希望将身份上链，那么就应该删除与个人相关的所有数据，仅仅只在区块链上保存通证，同时支持用户将个人识别信息存储在智能手机等个人设备上。这样，用户将重新获得对自己身份的控制权。与此同时，属性分散在数千个数据库的情况将成为过去，身份缺失的人群将获得数字身份。他们可以使用区块链，以非常简单的方式掌控自己的身份属性、信誉和影子信誉。

那么，这个系统如何运转？为了解释这个问题，首先需要对公钥基础设施稍作介绍。公钥基础设施与区块链上的身份有着内在的关联。回到20世纪70年代。1976年，斯坦福大学的两名数学家怀特菲尔德·迪菲（Whitfield Diffie）和马丁·赫尔曼（Martin Hellman）发现了一种高级数学关系，并将其命名为"非对称密码学"。他们确定了大质数之间的关系，使得用一个密钥加密的数据可以用对应的密钥解密，反之却不行。与此同时，1978年，另外三位数学家罗恩·里维斯特（Ron Rivest）、阿迪·沙米尔（Adi Shamir）和莱昂纳德·阿德尔曼（Leonard Adleman）发现了同样的关系，并以RSA算法的名称将其发表。他们尝试将这种算法用于商业场景，以之为基础成立了一家公司，即RSA公司。该公司随后被出售给了易安信，目前则属于戴尔。

非对称加密意味着存在两个密钥，即一个公钥和一个私钥。这两个密钥在数学上彼此关联。这种关系意味着，由一个密钥（公钥）加密的数据只能由另一个密钥（私钥）解密，反之亦然。对于由一个公钥加密的数据，想要使用另一个公钥去解密是不可能的。因此，你可以使用一对密钥来标识特定数字资产的所有者。由于公钥是公开的，因此任何用相关联私钥加密的数据只能由相应的公钥解密。如果用户A用自己的私钥加密文件，并将其发送给使用相应公钥的用户B，那么B就可以确定，A就是对文件加密的人。还可能有另一种方式。如果 B 想要向 A 发送私人消息，那么可以用在数学上关联至 A 持有私钥的公钥，对文件进行加密。如果 A 收到消息，他就是可以使用私钥打开消息的唯一一人。最关键的是，A 持有的私钥必须是真正私密的。这种机制的工作原理就像前面提到的电子邮箱。

自那时以来，公钥基础设施得到了广泛的部署。用户在线上所做的几乎任何事都用到了公钥基础设施，无论是发送电子邮件，还是访问网站（如果网站有 SSL 证书，并且以 https 为前缀，那么该网站就使用公钥基础设施来加密）。这意味着，我们可以确保用户和服务器之间发送的数据不被干扰。公钥基础设施也可以用于确保文档的真实性。这需要用到我们在第 2 章中讨论过的哈希算法来完成。哈希算法是一种特殊的数学公式，可以将任何输入信息转换为固定长度的数字字母组合来输出。如果改变输入，那么输出将完全改变。如果需要保护消息或数据文件，那么可以对数据进行哈希处理，随后用公钥基础设施进行加密。这就可以证明数据发送者的身份，并验证数据文件的真实性，判断文件是否被篡改过。在传统的中心化互联网中，公钥基础设施的应用依赖于中心化、可信的第三方，即证书颁发机构（CA）。这些证书颁发机构为所有参与者服务，负责密钥的发布、回收和恢复。这些中心化公司拥有极大的控制权，因此黑客们有可能伪造用户身份，实施"中间人攻击"，拦截通信。截至 2017 年 5 月，关于公钥基础设施去中心化版本的开发，有多个研究项目正在进行，各个项目采取的方法略有不同。关于加密技术，密码学还有更多的话题可以探讨，这里不做阐述。公钥基础设施和哈希算法的结合在区块链上被广泛应用，并在一定程度上使得区块链上的身份成为可能。

在这里，我们需要介绍的另一个概念是"通证化"，这也是整个拼图的组成部分之一。每个区块链都使用通证来协助验证交易并创建区块，这些区块随后连接在一起。区块链上的通证有两种。它们要么称作加密货币，例如比特币和以太坊，要么称作"资产支持通证"。前一类通证也称为内在通证、"原生通证"或"内建通证"，没有得到任何有价值资产的支持，可以由软件来制造，或通过挖矿获得（对于比特币的情况）。内在通证的主要目的是奖励验证区块链上交易的矿工，或过滤垃圾邮件（例如，我们建立一个去中心化的电子邮件系统，每封电子邮件的发送成本略低于 0.001 美分，在这个系统中我们要严格限制每天发送数十亿封垃圾邮件的用户，因为这会造成高昂的成本）。后一类通证是"资产支持通证"，是对属于特定发行人或用户的基础性资产的证明。资产支持通证也可以视为欠条。例如，从前你可以把一块黄金委托给金匠，金匠会写给你一张欠条，而这样的欠条就是可交易的，任何持有这张欠条的人都可以去金匠那里用欠条换回原来的黄金。资产支持通证相当于数字版借条，可以追踪特定资产的流通。

一旦你对资产（可以是有形资产，也可以是数字资产）进行了通证化，就可以追踪资产的流通。每天都有新的数字通证出现，用于追踪钻石、音乐和艺术品等各种新资产。资产支持通证是可交易的，最终持有者可以将其交易回原始资产。除了绘画作品等实物以及音乐等数字资产之外，你还可以对身份属性进行通证化，因为这也是一种无形资产。不过，这种通证并不会从一个人转移给另一个人。用户对这样的通证拥有所有权，在使用时只是将其"出借"给另一方。

那么，如何才能将身份上链？我们已经看到多种应用案例，而不同创业公司也开发了不同的解决方案。接下来我们将介绍一种通用的解决方案，以解释区块链上的身份验证是如何实现的。请注意，在此案例中，任何时刻在相关方之间发送的任何消息都是加密的、安全的（这将确保消息的真实性，没有被篡改），就像当前的电子邮箱的工作机制一样：

- 如果你希望在区块链上保存属性（或信誉，甚至影子信誉），那么可以将通证化和加密技术相结合。首先需要创建属性。这可以由用户完成，我们称其为A；或由组织来完成，我们称其为Gov。A可以创建一个属性，例如"女性"；Gov也可以创建一个属性，例如"允许驾车"，或"社会保障号码71231236"。当然，由官方机构创建的属性要比由用户创建的可信度更高。

- 随后，该属性被通证化，即转换成由数字和字母组成的随机字符串。用成对密钥将属性与通证关联在一起，这个成对密钥由用户A（如果由A来创建）保存，或由组织Gov保存在公共账簿中，加密，并打上时间戳（如果由Gov来创建）。请注意，这个账簿中保存的属性无法识别用户身份。例如，"允许驾驶汽车"并不包含允许谁驾驶汽车的信息。此外，Gov可以添加"已过期"或"被吊销"等信息。

- 通证由创建通证的参与者加密，并使用相应密钥来验证。

- 加密的通证是带时间戳的。

- 将带时间戳的加密通证上链，使其获得不可篡改，可验证、可追溯的特性。

03 自主主权身份，破解身份盗用难题

- Gov 向 A 发送加密通证，以及用于找到成对密钥的指针。
- A 接收到加密通证和指针，并使用自己的公钥对两者进行加密。A 随后将通证和指针存储在自己选择的某个位置，可能是智能手机，也可能是云端。另外，如果 A 就是创建属性的人，那么第 6 步并非必要。
- 组织 2（我们可以称其为 Police）想要验证某些信息，例如某个属性，或该属性的布尔值（真或者假）。例如，Police 想要知道 A 的社会保障号码，以及他是否获准开车。
- Police 确定所需的信任程度。换句话说，A 本人宣称自己可以开车是不够的，Police 希望从 Gov 那里了解 A 是否获准开车。
- Police 向 A 发送申请。该申请可以采用二维码的形式，A 可以用自己的智能手机扫这个二维码。A 验证这个申请的真实性，并检查信息是否被篡改过。
- A 在自己的智能手机中查找相应的加密通证和指针。如果 Police 想要查询多个属性，那么 A 可以发送多个通证和指针。A 随后将此信息发送给 Police。
- Police 前往信息存储点，即 Gov 的数据库，使用 Gov 的公钥对通证进行解密，以确保通证是真实可信的。Police 将申请发送给 Gov，而后者可以做两件事。

    a. Gov 将加密的属性，例如"社会保障号码是 7123-1236"，发送给 Police。Police 目前就获得了 A 的社会保障号码，并将信息关联起来。

    b. Gov 检查对属性的查询申请。如果申请是"A 能否驾车"，那么 Gov 将返回一个"真"的值给 Police。

从发出申请到收到属性，整个流程可能只需要一两秒钟。区块链上的身份可以确保用户 A 完全控制谁接收到他的哪些信息，同时确保自己的身份受到保护。这就是所谓的"自主主权身份"。即使黑客可以从 Gov 窃取所有的成对密钥，这些信息也是无用的，因为信息无法关联至特定的某人。因此，将信息保存在公共账簿中也没有问题。此外，无论 A 是个人还是设备都无关紧要。所有互联设备都可以执行与 A 相同的动作。因此，区块链上的身份能带来多方面的优势，而这也是我们接下来要介绍的内容。

自主主权身份的 5P 优点

不管是对消费者还是组织，抑或是一台机器来说，拥有这样的自主主权身份系统可以带来很多帮助。这样的系统将使身份具备个性化（Personal）、私密性（Private）、持久性（Persistent）、可移植（Portable）和受保护（Protected）等优点（我们称之为自主主权身份的"5P"优点，见图 3-2），从而保护消费者、组织和机器避免身份欺诈。

个性化： 自主主权身份将帮助身份个性化，因为你控制自己的数据，同时也掌控谁可以访问哪些属性。更重要的是，你可以拥有许多不同属性，并针对不同平台将不同属性组合在一起，从而在不同组织中高效地建立起不同的身份。对于组织 1，你可以选择属性 A、B、C，而对于组织 2，你可以选择属性 D、E、F。自主主权身份使你能够创建完全个性化的身份。

03 自主主权身份，破解身份盗用难题

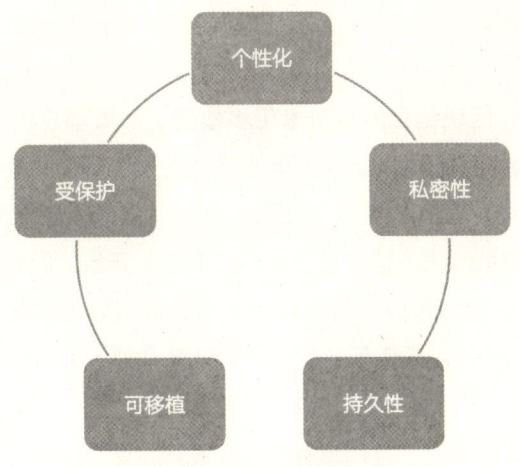

图 3-2 自主主权身份的 5P

私密性：自主主权身份能确保身份的私密性，组织无法获得不必要的个人身份信息。以超市为例。如果你想要买酒，那么超市只需要知道你的年龄是否能够合法买酒。这是个"是"或"否"的答案，任何其他信息都是无关紧要的。此外，即使超市想要知道你的年龄信息，那么更私密的生日信息也不是必要的。当然你可以说，如果改用父母的手机也能解决这个问题；但是，安全地储存在你手机里的由政府部门认证并提供的照片，在使用时需要利用手机摄像头进行面部识别匹配。如果两者不匹配，那么将返回"否"的选项。

持久性：身份应当具有持久性。这意味着身份及其相应的属性应该永远存在，或者至少在用户期望的时间内存在。同时，这也不能与"被遗忘权"相冲突，用户应该可以在需要的时候删除某些属性。因此，自主主权身份的应用就意味着，中心化组织，例如谷歌、Facebook 或领

英，不再可能简单删除某个用户，从而将控制权还给了用户。

可移植：区块链上的身份是可移植的。 如果用户 A 是亚马逊上的一位卖家，建立了很好的信誉，那么这就是个可信的身份，这一身份对他来说很有价值。然而，如果 A 决定离开亚马逊转到 eBay 平台上，那么通常就会失去信誉记录，不得不从头开始。但如果使用区块链系统，eBay 就可以向亚马逊验证 A 是否有很好的信誉，并将其关联至 eBay 平台上 A 的账号。在这种情况下，对 A 来说，身份就是可移植、可验证，并且完全可控的。此外，对客户身份验证的合规流程将会变得简单得多。一旦用户首次完成银行验证，这样的信息就可以被移植到另一家银行而不再需要交换任何私密信息。这使得流程变得简单，成本降低。

受保护：自主主权身份是受保护的，因此非常安全。 由于组织的账簿只会保存无法识别到个人的属性，因此即使账簿被黑客入侵，属性被盗也不会造成严重的后果。换句话说，犯罪分子可以窃取的信息对他们来说完全无用。这些 16 位数字不会提供任何关于身份的其他细节，对黑客来说没有任何意义，也不能用于任何用途。因此，自主主权身份非常安全。此外还有一个优点，即用户在登录网站时不再需要输入用户名和密码。自主主权身份解决了用户名密码的问题。用户可以创建唯一的用户名和复杂密码，作为关联至你身份的一种属性。这些属性可以加密储存在用户的设备上。如果用户需要登录某个平台，那么可以扫描平台用于验证用户身份的二维码，随后就可以完成验证和登录。

当然，自主主权身份的 5P 优点不仅适用于人，也适用于机器或互联设备。在物联网世界里,互联设备或机器将可以掌控谁能获得它们的身份信息(个性化);设备只需要在验证时展示相关身份信息,且不是全部信息(私密性);相应的属性可以永久存在,除非设备另外做出决定(持久性);机器可以将自己的身份从一个网络转移到另一个网络(可移植);以及,自主权互联设备是非常安全的(受保护)。

重新掌控你的社交媒体身份

2018年3月,随着Facebook的"剑桥分析"丑闻曝光,我们迫切需要一个将主导权还给用户的身份系统。关注隐私保护的人应该谨慎地考虑他们如何使用Facebook和其他社交媒体。对那些不知道剑桥分析的人来说,以下是简单的介绍。剑桥分析是一家数据挖掘和分析公司,在2016年美国总统大选、英国脱欧公投和许多其他政治投票中发挥了关键作用。

2014年,剑桥分析在未经用户授权的情况下收集用户个人信息,开发了针对美国个体选民的高效系统。通过伪装成学术研究,该公司在未获用户许可的情况下收集了5 000万人的个人信息,随后利用这些信息影响了美国大选。这是一次史无前例的侵犯用户隐私的事件,证明Facebook保护用户的努力并未奏效。

诸如此类的事件表明,我们需要重新思考当前的在线身份系统。区块链给我们带来了机会,让我们可以重新掌控自己的社交媒体信息和数据。为了实现这个目标,我们需要删除现有的社交媒体,例如

Facebook，重建社交网络。在去中心化社交媒体的世界里，你在互联网上将重新成为你自己，而你的线上档案将会变得私密、受保护，并且可移植。

私密的去中心化社交媒体资料

目前，你的社交媒体资料不可能是私密的。Facebook 能决定他人如何查看你的资料，广告主如何使用你的数据。尽管提供了广泛的隐私设置，但 Facebook 仍在不断创造新的方式来侵犯你的隐私。最新的例子是面部识别功能。该功能可以在他人上传的照片中标记出某个用户，即使该用户自己没有进行标记。尽管 Facebook 宣布，这项设置已默认关闭，但当我最近查看 Facebook 账号的隐私设置时，这个选项仍为默认开启。因此，你可能需要检查自己的设置。

另一方面，去中心化的社交媒体可以确保你的个人信息细节百分之百私密。开发去中心化社交媒体的公司无法在未经用户同意的情况下使用用户的个人信息，因为用户数据被通证化处理，只有该用户才持有密钥。因此，在去中心化的社交媒体中，用户控制着自己在社交媒体上的身份，并决定谁可以获得哪些数据。

受保护的去中心化社交媒体资料

剑桥分析和 Facebook 的隐私泄露事件表明，中心化社交媒体上的数据根本没有受到保护。只要黑客能入侵中心化服务器，就可以访问该服务器上的所有数据。然而，自主主权身份是受保护的身份，因为你的个人数据不会被保存在可能被黑客入侵或被数据分析公司获得的中心化服务器上；相反，你的通证化数据以去中心化的方式存储在数百万台服务器上。

由于去中心化社交媒体只会存储无法识别出特定用户的属性，因此数据库是否被黑客攻击、属性是否被盗并不重要。犯罪分子可能窃取的信息对他们来说毫无用处。这种不包含其他任何细节的数据串没有任何意义，也不能用于任何目的。因此，区块链能让你的社交媒体资料获得保护。

可移植的去中心化社交媒体资料

如果你已经使用Facebook很长一段时间，并且是活跃用户，那么你肯定已经在Facebook上留下了大量自己的思考笔记、图片、聊天记录、视频和其他内容。虽然你可以下载自己的数据文件，但却没办法将其移植到其他地方。目前，所有社交媒体都存在这样的问题。因此，如果你因为已发生的丑闻而放弃使用Facebook，那么就不得不在一个全新的平台上重新开始。在我看来，这是不合理的，因为这是属于你的数据，属于你的内容。如果你想要离开某个社交网络，那么为什么不能将数据移植到另一个平台上？

幸运的是，在去中心化的社交媒体上，你的数据和内容属于你自己，你可以将其移植到任何自己喜欢的地方。因此，你可以随时随地离开某个社交网络。这也将迫使平台提供对用户而不是对广告主或股东有利的功能。

自主主权身份的两大缺点

自主主权身份并没有太多的缺点，因为几乎所有的系统都比当前的模式更好。不过，全新的身份系统的主要问题在于基础设施的建设成本，这会阻碍最初的开发。此外，这是一套开发和部署都很复杂的基础设施。不过正如我们所看到的那样，许多组织已经在努力解决这个问题。自主主权身份的另一个缺点在于，普通用户可能不知道如何处理存储在智能手机或云端上的私钥。私钥是一种无形的概念，用户也不熟悉。此外，智能手机经常被盗。这就会导致：首先，如果手机没有通过生物识别技术去实现安全保护，窃贼就可能获得加密的身份信息；其次，如果用户没有在云端创建备份，那么也会遇到大麻烦。解决这两个问题的办法是要求用户使用生物识别技术来保护手机安全，同时对智能手机上的身份信息进行安全备份。

自主主权身份面临的四大挑战

正如上述缺点所示，开发自主主权身份系统并在全球范围内部署将是一个相当大的挑战。主要挑战包括4个方面，分别涉及推广、治理、监管和可扩展性。

推广：自主主权身份意味着用户有责任在数字空间保护自己的身份。当然正如前文所述，组织应该内置安全措施，例如要求生物特征识别和数据备份。然而，这就意味着用户处理自己身份的方式将发生巨大的变化：以往用户拥有的是有形的证件，例如护照或驾照，未来

03 自主主权身份，破解身份盗用难题

这些都将变成一串虚拟的、难以理解的数字。改变总是困难的，这种彻底的转变意味着组织与政府需要付出时间和耐心，因为向自主主权身份系统的迁移只能是循序渐进的。

治理：目前，很多公司利用用户个人数据赚了大钱，因此不太可能放弃这样的财富来源。此外，当新系统建成后，我们希望不是只有少数商业机构运行这种基础设施，否则我们也无法推动有意义的转型。因此，全球性的自主主权身份应该由全球化的非营利性组织来运营和管理，类似于域名系统（DNS）、TCP/IP 协议和在线域名[①]的运行方式。这点很重要。发展这样的机构需要全球共识，因此无法一蹴而就。最后，我们需要通过治理措施来防止个人将身份或身份的一部分出售给其他人。出售部分身份将变得像转让私钥一样简单，而这样的行为无论在什么时候都应该被阻止。

监管：在与全球化产品打交道时，你需要面对全球范围内的标准和监管规定。如果在全球范围内进行跨国部署，那么自主主权身份可以带来许多帮助。在全球范围内遵守不同的监管规定，满足所有不同司法管辖区的要求将会是严峻的挑战。然而，只有当自主主权身份在全球范围内能带来同样的权利并支持相互操作时，我们才能真正受益于其潜力。

可扩展性：最后，区块链存在一些需要解决的挑战，包括可扩展性。区块链技术仍处于起步阶段，比特币区块链每秒只能处理几笔交

---

① 由互联网名称与数字地址分配机构（ICANN）负责协调和管理。

易。然而，如果你要处理的属性来自 75 亿人、1 亿家组织、500 亿台联网机器以及 1 万亿个传感器时，交易量很快就会变得非常庞大。面对这些情况，我们需要准备好基础设施，应对全球化自主主权身份系统部署后出现的海量数据和交易。

区块链技术仍在发展之中。随着时间的推移，这些挑战很可能会逐步得到解决。在过去几百年的时间里，人类以灵活而创新的方式接受和适应新技术。这不可能在一夜之间完成，但全球范围内的自主主权身份系统终将成为现实。

自主主权身份的应用案例

自主主权身份仍在发展之中，许多创业公司致力于开发身份上链的解决方案。这些解决方案相互之间略有不同，并在通证化、散列和加密等方面采用了不同方法。这些创业公司专注于与护照、出生证明、结婚证、死亡证明、电子户口以及在线账号相关的数字身份。数字身份领域的一些先驱如下（按首字母排序）：[1]

- **2WAY.IO**：一个点对点的信誉和身份平台，让用户可以重新获得对身份的控制权。该公司提供的服务面向希望获得身份解决方案的组织，但与区块链无关。

---

[1] 这份列表来自 2017 年 5 月。因此，当你阅读本书时，其中有些创业公司可能已经破产、更名，或者成长为大企业。

- Banqu App：一家专注于经济身份和极度贫困问题的金融科技公司。该公司提供安全、可移植的数字身份，通过基于区块链的私有平台为最贫困的人群维护交易历史。
- BitNation：一家平台公司，提供与传统政府相同的服务，但服务以区块链为基础。该公司自称为第一个去中心化、无国界、自愿加入的"国家"。
- BlockAuth：它正在开发一个框架，用于验证用户身份的真实性，同时还提供易于集成的 OpenID 身份验证系统。
- Bron Tech：一个基于区块链的身份平台，目标是重新定义人、个人数据和金钱之间的关系。
- Cambridge Blockchain：这家创业公司的目标是将个人身份数据的控制权还给终端用户。该平台专注于金融行业，帮助金融机构客户身份验证合规。
- Civic：这个身份平台使用身份验证和保护工具，为企业和个人提供对自己身份的控制。
- HYPR：它为物联网构建身份和安全平台，保护移动端、桌面端和物联网系统中的用户。该公司使用通证化技术来保护用于生物特征识别的私钥。
- KYC-Chain：该平台使用分布式账簿技术，帮助用户安全地管理自己的数字身份，同时为组织提供简单可靠的方式来确保客户身份验证合规。
- Procivis：这家创业公司开发并提供"电子政务即服务"解决方案，用数字身份赋能公民，让公民可以掌控自己的身份数据。
- ShoCard：该公司开发数字身份平台，保护用户隐私，并确保其易于使用。ShoCard 构建在公有链数据层上，因此不存储任何数据或密钥。
- **Sovrin**：这是最初由 Evernym 开发的自主主权身份区块链。Evernym 随后对平台进行了开源。该公司的目标是填补互联网的空白，保障身份安全。
- **Sphere**：独立于大公司、用户可完全控制的下一代社交网络。
- **Tradle**：该公司正在开发一个在全球范围内可信的配置网络，降低客户身份验证的成本，改善客户体验。
- **Traity**：该公司提供一种方法，建立、保护并管理客户的信誉，并备份至区块链。其目标是成为未来的信用分系统。
- **UniquID**：该公司利用私钥存储生物识别安全信息，为互联设备开发去中心化、基于区块链的身份访问管理平台。
- **uPort**：该公司的目标是在以太坊的基础上开发开源、自主主权、基于区块链的身份系统，并与微软达成了合作。uPort 是由 ConsenSys 开发的。

这些创业公司，以及更多其他创业公司，目标是为各行各业开发身份识别解决方案。可以预见，所有行业都会从可以用区块链验证的数字身份中受益。不过，在开发数字身份应用方面，有三个行业在起步阶段最为领先：金融服务、医疗和政务。

金融服务将明显受益于区块链

金融服务业已开始研究，如何利用区块链或分布式账簿来优化由

03 自主主权身份，破解身份盗用难题

传统软硬件构成的系统。如果你知道银行最纯粹的目的是为了促进金融交易，那么就很容易理解，区块链将如何导致银行被边缘化。通过使用分布式账簿和数字身份，金融服务业可以获得多方面的帮助。传统上，金融服务业大量使用过时的系统。因此，这个行业引入区块链技术来优化这些系统也不足为奇。这也可以帮助行业省下大笔资金（意料之中，这或许就是促使金融机构转向区块链的主要原因）。利用分布式账簿，银行交易的速度变得更快，成本变得更低，效率变得更高，同时还可以优化客户身份验证流程。如果没有看到区块链的潜力，那么银行肯定会承担不利后果。

基于区块链的交易可以在几分钟或几秒钟内完成，而不像目前的结算流程通常需要一周，这是因为银行内部和银行之间有着冗长而复杂的流程。交易结算，特别是跨国大额交易结算，通常可能需要3～7天。借助区块链，结算可以针对用户来优化，从而为参与双方节省大量的时间和金钱。因为交易可以实时结算，区块链将消除银行对大量中间环节和后端办公室人员的需求。如果银行真正想要从分布式账簿技术中获益，那么数字身份就是必不可少的。

区块链的主要特点之一在于它能够消除对可信中介机构的需求，使点对点交易成为可能。区块链应用于金融服务业，可能会导致收费的中介机构，例如托管银行（在不同银行间提供资金转移服务的银行）或清算所（为交易对手的信贷状况提供担保的机构）被淘汰。因此，由于银行的运营成本大幅降低，区块链将有助于更好地优化资本。此外，区块链及相关生态的总成本可能高于单个银行管理交易的成本。然而，当银行共享同一个区块链时，由于成本是由所有参与银

行分摊的，因此每个银行的成本会大幅下降。最后，根据埃森哲的研究报告，由于区块链可以优化数据质量、透明度和内控能力，财务报告成本可降低 70%。而由于透明度、更好的交易审计，以及经过优化、更高效的客户身份验证流程，合规成本可降低 30%～50%。最后，由于减少和清理了不必要的流程，业务经营成本可降低 50%。如果交易可以几乎实时地完成结算，交易对手不履行义务的风险也将显著下降。

如果银行和金融机构开始使用智能合约，那么合同条款的执行效果将得到提升，因为智能合约会根据预设条件自动执行。智能合约和数字身份是强大的组合，为银行带来了许多新的可能。重要的是，这些智能合约必须牢牢植根于法律规定，并根据需要跨司法管辖区遵守各项监管规定。由于这些要求，R3CEV 必须在其分布式账簿平台中订制智能合约。特别是，凭借在透明的业务规则控制之下使用智能合约进行的自动结算，复杂的金融资产交易将明显受益于区块链。

金融服务业需要推动创新，研究数字身份、智能合约和分布式账簿如何优化它们的产品和服务。如果行业当前的参与者不去优化产品，推动创新，那么新的参与者将会颠覆它们的业务。我们已经看到，许多区块链金融科技公司正在这样做，它们正在开发新方式，处理用户的财务需求。区块链或分布式账簿平台为金融机构带来了许多帮助。目前，金融机构应该做出改变，充分利用好分布式、去中心化网络、技术和数字身份带来的可能性。

医疗数据，人人都可以重获控制权

无论在哪个国家，医疗记录的处理总是可能引发社会讨论。毕竟，保存在数据库中详细的个人健康信息是最私密的信息之一，并且很容易受到攻击，导致隐私信息泄露。这样的可能性令许多人感到害怕。然而，如果医生、医院和药店等重要的相关方可以共享数字化的医疗记录，那么不仅可以挽救许多人的生命，还可以大幅降低医疗成本。此外，经过匿名化处理的医疗记录，甚至基因组数据，可能有助于改善医疗水平，带来更好的药物和治疗方式。目前，你已经可以花大约1 400美元来分析自己的基因组数据，这种成本未来还可能大幅下降。每个被测序的基因组可以产生大约100吉字节的数据。如果可以将大数据分析和高级人工智能应用于这些大型数据集，那么将为建设更强大的医疗能力提供宝贵的信息。然而，你的基因组数据是私密的，当这些数据与你的身份关联在一起时，你需要确保其安全性，只有适当的人可以访问。因此，区块链和自主主权身份可以帮助研究人员和医疗专家使用你的基因组数据，同时不会影响数据安全性，侵犯你的隐私权。

目前已经有多家公司在探索将医疗数据与区块链相结合而带来的潜力，其中包括谷歌旗下的DeepMind，该公司看起来前景不错。2017年3月，DeepMind宣布将其先进的深度学习技术应用于英国的医疗数据，为患者、医生、医院和英国国家医疗服务体系（NHS）提供帮助，并将其与区块链技术相结合，跟踪个人医疗数据。DeepMind联合创始人穆斯塔法·苏莱曼（Mustafa Suleyman）表示，这也可以称作"可验证的数据审计"，将"记录特定数据条目被使用及其原因等事实，例如将验血数据与英国国家医疗服务体系的全国算法相比照，检查急性肾损伤的原因"。换句话说，他们正在建设医疗数据的审计系统。系统可以立即看到对患者数据的任何访问和修改，并进行追踪。然而与公有链（例如比特币区块链）不同的是，它所使用的分布式账簿仅仅开放给可信的参与者（例如医院和国家机构）。只有这些参与者可以验证账簿的完整性。但结果仍是同样的：对访问账簿的参与者来说，账簿的任何条目都不可篡改、可验证、可追溯。这个系统可以发展成为整合的患者识别信息数据库，支持利益相关方开展有价值的研究，用于提供更好的医疗服务，同时不会侵犯患者隐私权。人类可以重新控制他们的医疗数据。

可以想象一下，当 DeepMind 正在开发的系统与全球化自主主权身份系统结合在一起时，会出现哪些可能性？这意味着你可以以安全而私密的方式，在全球范围内携带自己的数字医疗记录。无论何时需要医疗服务，无论身处世界上的任何地方，你都可以让当地医护人员安全地访问与你相关的医疗数据，确保你获得尽可能适当的医疗服务。当你回到家中后，你的私人医生可以查看发生了什么问题，进行了什么治疗，以及主治医师是否做了任何检查和化验。这将极大地优化医疗水平、降低成本，更重要的是能够挽救更多的生命。

政务优化，让政府像企业一样运作

区块链为商业世界创造了巨大的潜力，在政府服务领域也具备同样的潜力。当前，政府部门处在竞争激烈、瞬息万变、不确定的环境中。企业追逐效率和低成本，吸引这些企业需要不同的策略，因此政府越来越需要像企业一样运作。如果政府部门可以应用最新技术，为全球化运营的公司提供创新服务，那么就可以获得竞争优势，这样的优势可能价值数十亿美元。其中，数字身份可以对政府的组织方式产生重大的影响。如果它获得政府推动，那么就可以为那些缺失身份信息的人提供他们急需的身份证明，帮助他们更方便地获得各种服务。在政府建立21世纪身份系统方面，爱沙尼亚是个众所周知的案例。这个东欧国家自1991年独立以来就一直在推动政务数字化，目前已成为全球电子政务的榜样。在开发电子政务服务时，该国政府专注于四项原则。

- **去中心化**：没有中央数据库，每个利益相关方都可以选择自己的系统。
- **互联互通**：各个系统可以流畅地协同工作。
- **平台开放**：平台对所有利益相关方开放，利益相关方都可以使用公钥基础设施。
- **无开发期限**：平台会得到持续的开发和优化。

因此，爱沙尼亚建成了基于区块链的电子户口项目，让世界上的任何人都可以成为爱沙尼亚的电子居民。该项目基于区块链建设，任何人都可以申请爱沙尼亚的电子户口。尽管拥有电子户口并不意味着你可以在爱沙尼亚投票，但一旦被接纳，你就可以受益于爱沙尼亚开发的数字政务服务。在被接纳为爱沙尼亚电子居民后，你就可以开办公司，开设银行账户，开始做生意。任何人都可以受益于爱沙尼亚的高效服务，同时给爱沙尼亚政府创造新的收入来源。为了实现这个目标，爱沙尼亚政府与Bitnation合作，为每个爱沙尼亚电子居民提供公证服务。凭借这类举措，爱沙尼亚开始在全球范围内开放政务服务，朝着无国界国家的理念迈进。这是一种革命性方式，专注于为企业带来效率优势，而不只是税务优惠。此外，区块链上的身份解决了身份盗用、身份验证以及从长远来看的身份缺失等问题。这种专注效率优势而非税务优惠的革命性方式对企业而言可能更有吸引力。

爱沙尼亚并不是唯一一个注意到区块链在政务领域应用潜力的国家。2017年，迪拜宣称将发展全球首个基于区块链的城市。尽管爱沙尼亚领先于迪拜，但迪拜的目标是在2020年实现其大胆的愿景，即成为全球最幸福的城市，并且在数字世界排名第一位。2020年，迪拜希望将所有政务服务和交易上链，使其不可篡改，可追溯、可验证，同时减少官僚主义，解决效率低下的问题。不再有官僚主义、政务服务顺畅高效，毫无疑问将为这样的目标做出贡献；不过迪拜还有很长的路要走。

为了实现这个目标，迪拜设计了名为"智慧迪拜"的公私合作项目。这是在迪拜全市范围内开展的一项工作，目标是将区块链应用于多种服务。通过促进政府、政府相关机构和商业组织之间的合作，迪拜希望加快区块链应用的发展。目前，迪拜已经与IBM和ConsenSys合作，获得了这两家公司的指导。与当地所有其他雄心勃勃的项目类似，迪拜承诺对此投资数百万美元，而第一批区块链服务已经公布。例如，迪拜经济发展部正在将商业登记和许可服务的全部流程迁移至区块链。此外，迪拜最大的银行迪拜国民银行（NBD）正在开发智能合约平台，在货物运输和追踪过程中减少复杂的文档工作。

03 自主主权身份，破解身份盗用难题

未来几年，我们可能会看到更多的政府部门转向区块链技术，在区块链上开发身份解决方案。我们还将看到，政府争夺最优秀的公司的手段不是通过税务优惠，而是帮助公司提高效率。这将改变市场竞争环境。专注于开放、普惠的电子身份系统，使用区块链技术连接政府和商业服务的政府部门将处于最有利的位置。

本章总结

未来人人都将被赋予数字身份

身份是许多属性的组合，随着时间推移而不断变化，并且与你的信誉（你自己的可信度）以及你的影子信誉（你在与什么人打交道）密切相关。不仅人有身份，组织和物品也有。随着连接数十亿设备和数万亿传感器的物联网不断发展，我们的身份系统早就应该升级。当前的身份系统存在严重的缺陷：身份盗用活动频繁，给我们造成了数十亿美元的损失，并对受害者造成了不利影响；身份验证成本高昂，流程烦琐，严重侵犯了我们的隐私权；数百万人没有身份，无法获得政府颁发的身份证明，导致他们处于弱势地位，难以享受基本服务。与此同时，通过利用分布式账簿技术创造一种数字身份，一种自主主权身份，让身份数据变得不可篡改，可验证、可追溯，我们可以发展属于 21 世纪的身份系统。自主主权身份可以用"5P"来描述，即个性化、私密性、持久性、可移植和受保护。自主主权身份使用通证以及基于公钥基础设施的加密技术来防止身份盗用，优化身份验证，并通过普惠的数字身份来解决身份信息缺失的问题。没有正式身份的人可以使用其他个人数据足迹和数字社交关系来证明他们是谁，而这只需要安装在他们手机上的应用即可完成。一旦身份得到验证，他们就可以开通银行账户，申请难民身份，并享受更多的服务，从而改善自己的生活。当然，重要的是个人可识别信息永远不应该上链。将地址、生物识别信息甚至护照信息放在区块链上会带来严重的隐私泄露风险，而这也是为什么通证

03 自主主权身份，破解身份盗用难题

非常重要的原因。一旦我们解决了关于身份的"恶劣"问题，开发出把控制权还给个人的数字身份系统，那么我们就有机会去解决其他问题。因此在下一章中，我们将更深入地讨论区块链可为永久性地消除贫困做出哪些贡献。

尽管对任何行业来说自主主权身份都有极大的潜力，但我们仍需要面对一些艰巨的挑战，包括全球范围内的推广、可扩展性、治理，以及在各个司法管辖区的合规。但无论如何，许多参与者（包括金融服务业、医疗行业和部分政府部门）已经在致力于开发数字身份和自主主权身份。看起来，我们目前确实处于身份革命的前夜。

Blockchain

04

普惠金融服务,消除世界贫困

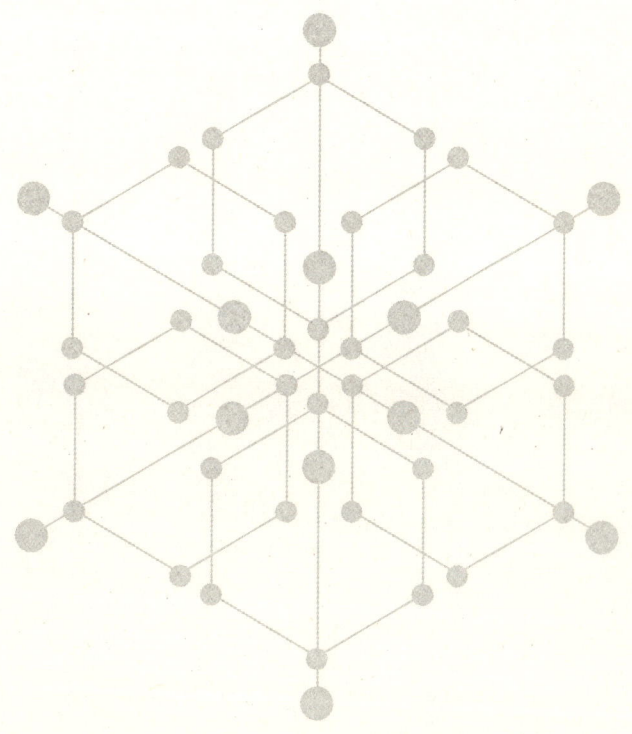

Blockchain

贫困（Poverty）：

<u>一种极度贫穷的状态。</u>

04 普惠金融服务，消除世界贫困

在过去的 100 年时间里，世界人民的福利水平取得了长足的进步。整体来看，在经济领域，今天的世界要比 100 年前好得多。目前我们的世界似乎仍有很多问题，例如战争仍在持续，上百万人逃离家园。但是在几乎各个层面，全世界的生活水平在过去的 100 年里都得到了改善，无论是人类的寿命水平、生活在和平国家的人口数量，还是仍处于极端贫困①中的人口数量。

由于医疗保健水平提升，生活和工作条件变好，过去的 100 年时间里人类的平均寿命快速上升，从 1913 年的 34.1 岁上升到 2015 年的 71.4 岁。此外，在全球范围内，因卫生条件不佳而在 5 岁前死亡的儿童比例从 1800 年的 43% 下降至 2015 年的仅 4.3%。尽管 4.3% 这个比例看起来仍有点儿高，但这确实已是一项相当重要的成就。由于粮食生产能力提高，因饥荒死亡的人数从 20 世纪 50 年代的每 10 万人中 578 人大幅下降至 21 世纪前 10 年的每 10 万人中 3 人。最后，由于技术进步，全球范围内的贫困人口在过去的 100 年内也明显减少

---

① 极端贫困的定义是人口日均收入低于 1.9 美元。

了。生活在极端贫困中的人口比例从1820年的94.4%下降至2015年的9.6%。这项成就主要是在过去的30年内取得的,因为直到1980年这个比例仍高达44%。第三次工业革命,即信息时代开始于20世纪70年代,它给人类带来了大型机计算、个人计算和互联网,帮助数百万人脱贫,与全球经济建立联系。

不幸的是,全球仍有9.6%的人口生活在极端贫困中,这大约是7亿人,仍然很多。这些人中的绝大部分生活在撒哈拉以南的非洲和南亚地区。发达国家也存在贫困问题,并且这种情况近几年有所增加,尤其是在欧洲。国际劳工组织估计,2012年发达国家有3亿多人生活在贫困中。这个数字升高与过去3年欧洲的难民潮有关。

贫困的原因多种多样,不同国家有不同原因,但一般而言,贫困的原因包括:教育缺乏,环境问题,银行服务缺位,财产合法所有权缺失,法治不健全,人口过多,流行病肆虐,与气候有关的事件,战争,以及所在国家的经济发展趋势。如果我们想要建立对每个人都公正并和平的世界,那么解决贫困问题至关重要。此外,2015年联合国通过了可持续发展目标,其中要求全球领导者在2030年之前协助消除各种形式的贫困。因此,现在就应该展开工作,让全球剩下的7亿人摆脱极端贫困的状态。

贫困加剧贫困

贫困影响着人类社会的每个层面,而贫困造成的后果往往也会加剧贫困。例如，2012年飓风"桑迪"袭击海地，导致超过1.8万人流离失所，其中许多人在2010年海地的破坏性大地震之后仍居住在联合国设置的难民营里。这些流离失所的人群不得不生活在恶劣的条件中，这直接影响了他们的健康。如果他们生病，那么他们的劳动能力将受到影响，而由于缺乏适当的社会保障，他们很容易陷入贫困。这是个难以打破的恶性循环，贫困的影响往往会代际传递。贫困的影响常常相互关联，很少会单独发生，因此解决难度很大。贫困是个真正"恶劣"的问题，这需要所有利益相关方参与，相互合作，运用最新技术去打破恶性循环。无论是对某个人的生活还是某个国家的各个领域，贫困都会造成不利影响。为了打破贫困的恶性循环，我们需要同时关注贫困的每个方面。这也是导致贫困问题难以解决的原因。

贫困直接影响到某人购买足够营养食品和饮用水的能力。无论是在发展中国家还是在发达国家，由于贫困而导致的营养不良反过来也在加剧贫困。通常，最健康、最有营养的食品也是最昂贵的。预算较少的人群往往依赖便宜的"快餐食品"，因此缺乏营养。他们的孩子在缺乏基本营养的情况下成长，学习、游戏和成长的能力受到负面影响。此外，过多的快餐导致肥胖，而肥胖又会引发更多的健康问题。因此，无论是在发展中国家还是在发达国家，贫困几乎总是会导致严重的健康问题。缺乏营养和适当的药物，无法方便地获得医疗服务，缺乏适当的卫生保障，这些因素会导致人们的预期寿命降低。此外，由于负担不起治疗或药品费用，或是缺乏医疗保险，很多人生病可能不愿接受治疗，导致他们病情恶化。如果儿童生病或营养不良，那么即使他们有机会上学，也很难专注于学习。在某些发展中国家，许多孩子在刚刚学会走路之后就开始从事劳动，养家糊口。无法接受教育造成文盲，给他们的一生都带来阴影。文盲人群很难找工作，导致失业率和经济不确定性上升，非正规经济规模扩大，而政府也无法获得充足的财政收入，难以改善整个国家的状况。

生活在非正规经济中的许多穷人缺乏正式身份，获得公共资源和参与各类活动的能力受到限制。此外，机器人和自动化的崛起将使未来几年的情况变得更糟，未受过教育的人就业的可能性进一步下降。这将造成社会动荡，并导致社会迅速偏离正常的运行轨道。

打破贫困的恶性循环需要从投资儿童起步。社会需要为他们提供充足、高质量的饮食，再通过适当的教育教会他们充分发挥潜力的知识和技能。仅次于教育的是低成本的医疗服务（包括医疗保险），提供清洁的饮用水和卫生设施，以及经济安全，即通过身份证明、银行服务和所有权证明，将贫困人群连接至全球经济。经济安全包括财产所有权登记，银行服务普及，以及公平、透明的法治体系。在这样的体系中，每个人都理解并尊重法律规定。这三种经济安全需求（财产所有权、银行服务普及以及法治体系）在一些国家往往很难得到满足。因此，这些国家常常会产生规模庞大的非正规经济。

缺乏监管但体量巨大的非正规经济

全球每个国家都存在非正规经济，但在某些国家，非正规经济占国内生产总值的比重更大。非正规经济是整体经济的一部分，但没有被纳入税务体系，也不受任何形式的政府管辖。非正规经济的规模越大,公民的不安全状况就越严重,进而导致可能的动荡和贫困。由于缺乏正式数据,我们很难判断非正规经济的规模。不过墨西哥2014年的计算得出,在2003—2012年的10年时间里,非正规经济对其国内生产总值的平均贡献率为26%。这意味着经济中的很大部分没有受到控制或监督,因此数百万人受到了不利影响。非正规经济的出现往往是因为经济缺乏保障,企业合法经营的成本很高。根据麦肯锡的研究,新兴市场公司面临的行政成本是发达经济体同类公司的3倍。此外,以研究非正规经济而知名的秘鲁经济学家赫尔南多·德·索托(Hernando de Soto)认为,财产所有权对市场经济的强劲至关重要。他指出,如果无法保障人群充分参与记录财产所有权和其他经济信息的框架,贫困问题就难以解决。除财产所有权不明确之外,其他不利因素还包括法治的缺失,以及难以获得银行服务,给企业合法经营制造了更高的成本。

不幸的是,经济缺乏保障和贫困也会带来副作用。许多组织出于善意试图帮助贫困人群,但这些组织的运作是孤立的,每个组织都有自己的受援助人群信息数据库。因此,我们无法获得统一视角,同时也无法建立任何信息或信用记录来帮助有需要的人改善他们的状况。每个组织都需要维护自己的数据库。因此,贫困的代价往往非常高昂,并造成恶性循环,使贫困国家更加贫困。

只要下载免费应用,就可自由参与国际金融

在全球范围内,仍有20亿人无法获得银行服务。这是因为,传

统银行系统要求了解每笔交易的所有参与方。然而，相对贫穷的人口，以及那些因为战争、饥荒和气候事件而流离失所的人群，往往缺乏正式证明自己身份的方式。如果系统能完成对参与者身份的验证，随后处理身份信息交换，那么没有正式身份证明的人就可以在线交易，从而可以使用安全的在线钱包或类似银行的账户，并享受这些服务所带来的帮助。正如安德烈亚斯·安东诺普洛斯所言，比特币可能没有国际银行体系那么复杂，但它带来了自由度，让我们可以发挥创造力。

在尚未获得银行服务的20亿人中，有1/4的人已经能够使用互联网。他们只要下载免费应用，就可以参与国际金融交易网络。尽管仍然存在各种缺陷，但这是全球任何地方的银行系统都无法做到的。

普及银行服务，促进法治，同时尊重财产所有权，这些措施将缩小非正规经济的规模，从而带来多方面的帮助，例如推动政府部门加强消费者保护，帮助政府征收养老金，加强劳动保障，促使公司发展壮大。这一切都有助于消除贫困。此外，为贫困群体建立中心化数据库将有助于降低贫困人口的成本。不过这还不够。为了消除各种形式的贫困，我们还需要专注于贫困的不同层面，包括营养、健康、教育、经济稳定和社会。如果能运用大数据分析、区块链和人工智能等技术，让人们更方便地获得更优质、更便宜的食物，如果能为人们提供良好的医疗服务和可靠的医疗保险，如果能为人们提供随处可得的教育资源，如果能解决经济不稳定问题，那么我们就有机会在全球范围内消除各种形式的贫困。新兴技术可以通过多种方式来协助实现这个目标。

盒中农场：贫困人群的健康和营养

对贫困人群来说，吃健康食品往往并不容易：这类食品价格昂贵且难以获得，因为并不是每家商店都会销售此类食品。因此，在发达国家，贫困人群往往选择快餐或营养有限的食物，这或许是日常可食用的最糟糕的食物。在一些国家，问题则更为根深蒂固。人们关心的往往是能否获得足够的食物，而不是健康和营养。看起来，区块链技术在这个领域无法带来什么帮助，但事实并非如此。这方面的帮助可以通过协助大数据分析和精细农业等新兴技术来实现。

旧金山一家公司正在开发创新解决方案，该公司的理念是"授人以鱼不如授人以渔"。2009 年，布兰迪·德卡利（Brandi DeCarli）和斯科特·汤普森（Scott Thompson）相识，他们一起在基苏木青年扶持中心（Kisumu Youth Empowerment Center）工作。他们尝试改装环绕一座足球场的集装箱，在教育、卫生和体育等方面为当地青年提供基本服务和资源。在这里，他们开发了一种"即插即用"的农业模式，针对农业需求开发自给自足、智能、优化的集装箱。他们提出的"盒中农场"概念很独特。这是一种集成了全部必需设备，在单一集装箱中运行的、小规模的、独立于农业网络的农场。集装箱配有太阳能电池板和电池，可以生产和存储可再生能源，此外还配备了水过滤和小型滴灌设备、传感器以及内建的计算机，用于土壤监测和土地测绘。这种自给自足的集装箱可以部署在全球任何地方，并组合出面积达 1 万平方米的农场，达到全球大部分农场的规模。根据技术程度的不同,"盒中农场"的价格为 2.5 万～4 万美元不等。这为农民提供了一种种植更多数量、更多类型食物的方式,减少了对天气和本地能源供应的依赖。这样一个"盒中农场"可以养活 150 人。

  "盒中农场"运用了包括精细农业(基于对农作物的详细监控和不断调整的精确施肥来优化产量的农业技术)、物联网和大数据分析等新兴技术。集装箱为农民提供了为社区生产健康和营养食品所需的一切资源,同时可以给他们带来稳定的收入。尽管"盒中农场"不需要与区块链结合就已经很成功,但区块链的加入可以进一步优化效果。想象一下,"盒中农场"连接到本地电网,农民可以将多余的能源出售给电网,电网将这些交易记录保存在区块,并以区块链或其他加密货币的方式向农民付款。这将为当地农民带来额外的收入来源,同时为本地社区提供清洁和低价的能源。此外,如果农民可以接受比特币或其他加密货币付款,那么就可以不用与银行打交道,也不用收现金。这将有助于农民的财务安全,因为数字货币不会像传统货币那样被抢,而农民对自己的数字货币也有完全的控制权。

  2016 年,"盒中农场"计划了几个试点:一个在美国加州;一个在埃塞俄比亚;还有一个则用于安置在加利福尼亚州的难民,他们来自尼泊尔、不丹和阿富汗。每个集装箱可以养活 150 人,并通过粮食生产的去中心化赋能本地社区。无论是在发展中国家还是在发达国家,如果某个本地社区有能力自己种植和维护粮食作物,那么他们就会更富裕,适应能力更强。

04 普惠金融服务，消除世界贫困

更高质量的个性化医疗服务

由于新兴技术的出现，医疗行业有了巨大的发展空间。医疗机构倾向于在组织内部保存大量数据，包括患者、药品和供应商数据，以及财务、保险和员工数据。医疗机构可以整合并匹配这些数据，将其与有价值的外部数据源（例如社交媒体数据）结合，从而更好地确定风险（包括财务风险、医疗风险或经营风险），预测经营绩效，并采取相应行动，随时随地为医疗机构本身和患者提供统一的视图。然而目前，大部分此类信息仍然是以手写记录或传真的形式，在医疗专家、医疗中心和职能机构之间保存和传递。这种老式系统满足了保护患者数据的监管要求，但问题在于响应速度慢，处理失败和处理出错等。这些问题涉及安全，需要运用可靠、可信的解决方案来应对。如果能建立起针对患者的完整场景，那么最终就可以研发出个性化药物，为患者提供比标准药物更高质量的医疗服务。结合人工智能、区块链和无人机等新兴技术，医疗服务可以得到显著的改善。

可以想象一下，未来非洲农村的医疗机构为非洲患者建立了基于区块链的电子健康记录。我们可以将该组织称作 AHealth。在与当地医生的广泛合作中，AHealth 向他们提供平板电脑来记录患者的各类数据，这些数据保存在有授权的私有链上。当某个病人首次拜访与 AHealth 合作的医生时，该医生将创建新的患者记录，其中包括各种个性化的可识别信息，例如姓名、地址、年龄、身高、体重、血型甚至基因样本。所有信息都将被通证化、加密，并上链。对于谁可以访问他的个人数据，患者可以完全掌握。这类似于上一章中讨论的自主主权身份。使用当前常见的集中式存储系统无法做到这点，因为这会导致患者无法控制自己的数据。只有患者本人和他的医生才能查看这些数据，如果其他医生或组织出于医疗原因而需要获得这些数据，那么患者可以使用智能手机上的私钥，以加密方式分发所需信息。患者或医生不再需要冒着文件丢失或相互混淆的风险，随时携带各种纸质文档。

此外，AHealth 还在许多乡村地区部署了自动扫描的互联设备，监测患者的各种生理参数，包括血压、体温、心率和血氧饱和度。这样的系统使用人工智能技术来了解患者病情。如果患者感觉不舒服，那么可以通过智能手机登录，完成几项测试，数据将通过通证化和加密处理，自动、安全地添加至链上的详细信息中。如果患者许可，医生将收到通知并查看结果。如果需要用药，那么医生可以通过部署在区块链上的智能合约，从与 AHealth 合作的本地药店订购药物。药剂师将准备个性化药物，通过安全的无人机将药物配送给患者。[①] 患者需要通过生物特征识别去取药。一旦药物从无人机中取出，配送就确认完成，智能合约会自动将加密货币从患者的医疗保险公司转移给药剂师。相对于目前的情况，药品供应链上的所有人都可以更快地获得交易款。患者随后用药，并将效果报告给医生，结果信息被添加到区块链

---

① 2017 年，沃尔玛公布了使用无人机送货的计划。该计划利用区块链技术，确保货物安全送达。同一年，Zipline 公司在卢旺达测试并启动了无人机运送医疗物资的服务。

上的电子健康记录中。如果患者出现更严重的健康问题，或是需要入院治疗，那么医院可以获得患者的所有记录，包括通过无人机配送的药物情况，从而为患者找到更有效的治疗方法。借助区块链技术，AHealth 已经建立起高效的医疗系统，覆盖了大片区域，能为非洲偏远地区提供低成本、可靠的医疗服务。

以上场景看起来仍像是科幻小说中的情景，而且未来几年可能一直如此。然而，借助通证化和加密技术安全地将患者数据存储至区块链，并将控制权完全交给患者本人，并确保患者的所有私人信息不上链（如上所述，各种个人数据，例如生物识别信息或基因信息，绝不应该上链），我们将看到区块链的力量。区块链技术，或者更具体地说，自主主权的医疗身份系统，将在数据记录方面给患者和医生带来帮助，同时保护患者隐私。当然，所有处理上链健康数据的公司都应该将控制权完全交给用户，确保数据的私密，从而保护用户隐私。这可以通过零知识证明（ZKP）等技术来实现。零知识证明可以确保在不泄露个人信息的前提下共享数据，同时某一方可以在不泄露信息的前提下证明某项事实。不过，将医疗数据的控制权完全交给患者也会带来重大的挑战，因为上一章讨论的公钥基础设施是其重要方面。在用户完全控制自己信息的情况下，丢失私钥会带来各种问题。因此，针对因各类原因用户无法再使用私钥的情况，这个领域的创业公司都应该提供解决方案。

尽管这个虚构的场景距离我们还很遥远，但幸运的是，许多区块链公司正在开发解决方案，改善面向贫困群体的医疗服务。其中一家叫 BanQU 的公司专注于医疗服务的"最后一千米"。通常，这正是医疗服务供应链最不发达的部分，原因包括较差的基础设施、不准确的记录，以及存储和追踪机制不足。通过在患者和医疗服务提供商之间建立可靠、可控和高效的连接，区块链有助于优化医疗供应链。BanQU 网站显示，该公司的愿景是利用区块链技术消除贫困。该公司目前已经有能力通过智能合约为患者用药自动向医药公司付款。如果需要，这种智能合约可以自动向各州的医疗服务完成支付，而由于药品只在实际需要时才会发货，因此药品库存也将得到优化。尽管 AHealth 这家想象中的公司似乎离我们还很远，但其中的某些部分已经成为可能，并且正在试验之中。

让所有人都更轻松地获得教育机会

非洲是全球最年轻的大陆，其超过 50% 的人口不到 15 岁。不幸的是，在 1/5 的非洲国家，只有不到 30% 的儿童能进入学校上学。消除贫困是一个长期的过程，起点则是让儿童有学习机会，随后利用所学知识为自己和家人创造更美好的生活。在大多数贫困家庭，孩子们不得不从事劳动来帮助家庭。他们没时间像其他国家的儿童那样上学，和朋友一起玩耍，学习新东西。缺乏教育是贫穷恶性循环的起点。如果无法接受教育，就无法在社会阶层的通道中上升。

因此，如果希望永久消除贫困，那么就需要增加受教育机会，同时提高教育质量。目前已有很多公益机构和项目专注于贫困群体的教育，在学校建设、材料供应、培训教师以及为尖子生提供奖学金等多个方面做出贡献。

如果真的希望让贫困国家的儿童和成人都能接受教育，那么我们就需要新系统，一个规模可扩展，可以支持儿童个性化学习的系统。在农村地区尤其如此。不过，如何普及教育只是这个问题的层面之一，其他层面还包括如何扩大高质量的教师队伍，如何提供充足的学习材料和学校，如何供应能源来支撑学校运转，以及更多不算严重但相互关联的问题。这个问题的另一个主要方面在于学历证明，这几乎与教育本身一样重要。如果你无法证明自己拥有某所学院或大学的学位，那么在利用自己的技能找相应的工作时仍会有困难。幸运的是，区块链、大数据和人工智能等新兴技术似乎为解决这些相互关联的问题提供了机会。

将区块链应用于教育是一个非常新的领域。在本书写作时，还没有太多的组织和创业公司做出尝试，更不用说用区块链去改善贫困群体的教育水平。不过，区块链优化教育系统的潜力巨大。特别是在与大数据和人工智能相结合的情况下，区块链可以让所有人都更轻松地获得教育机会，让孩子们可以更公平地接受教育，为未来的世界做好准备，从而彻底变革教育事业。

2016年，专注于个性化学习和战略洞察的教育基金会 Knowledge Works 发布了一份报告，探讨区块链、大数据和人工智能等新兴技术对教育系统的影响。报告深入研究了这些技术如何推动教育从集中式向分布式转型，以及这样的转型如何推动学习的个性化。这份报告还思考了未来10年科技变革教育系统的4种场景。尽管报告专注于美国，

区块链蓝图 Blockchain

但也让我们了解到区块链在教育行业有哪些可能。简单来说，这4种场景如下：

- 基于区块链的行政与财务后台可以帮助学校以私密、安全的方式优化对学生、职员和学校记录的管理，并实现自动化。实际提供教育的方式不会发生变化，重点仍然是面对面教学。
- "教育即服务"兴起，这是一种"即插即用"的内容提供服务。机器学习技术提供定制课程，所有成绩和活动都记录在区块链上。智能合约实现了所有一切的自动化，并在学生、教师、父母和学校之间进行协调。学校可以在确保信息安全和用户隐私的情况下出售这些丰富的数据，从而获得更多的收入。
- 基于授权链的自主定制教育系统。其中，智能合约将帮助学生获得教育资源，实现成员自主决策和支付的自动化。这样的教育系统作为去中心化自治组织来运行，独立于教室、学区和教师。
- 基于区块链的生态管理工具使学校可以为学生提供独特的分布式教育课程。学生可以自己定义作业，并聘请专家提供指导。包括证书在内的所有数据都记录至区块链，而智能合约实现了一切事务的自动化。

这4个场景展示了新兴技术给教育系统带来的不同可能。在每个场景中，区块链在记录进度、成绩和证书的过程中都扮演着重要的角色。在某些场景中，大数据和人工智能将以自动、自主的方式开发个性化学习课程。当然，这样的场景距离我们还很遥远。目前最接近这个目标的是在多个平台上开发的大规模在线开放课程，即"慕课"（MOOC），例如可汗学院、EDx 和 Coursera。在这样的未来中，真正的个性化学习将不再是梦想，而区块链将记录所有成绩。截至本书写作时，首批正在探索这种可能性的组织和创业公司如下：

- BadgeChain，一个探讨如何将区块链应用于教育的开放社区。
- 索尼全球教育部门，它开发了一个基于区块链的教育评估和考试分数平台，可以安全地与其他服务或第三方分享数据。
- otlw.co，它开发了一个区块链系统，用以实现对技能和知识的通用评估；该公司还开发了 otlw-publish，推动小额支付的普及。
- 多所大学正尝试利用区块链去验证和提供学术证书，其中包括麻省理工学院媒体实验室（于 2016 年发布了新的开放标准"区块证书"）、尼科西亚大学、霍尔波顿编程学校和法国莱奥纳多·达·芬奇高等工程师学校。

教育的未来为贫困群体创造了新的机会，让他们可以通过接受教育来脱贫。我们希望到 2030 年开发出这样的技术。尽管 2030 年距离现在并不遥远，但技术发展的速度是指数级的。实际上，世界经济论坛预测，到 2030 年，全球最大的互联网公司将会是教育行业的去中心化自治组织。这样的公司使用大数据分析和人工智能技术，根据学生的详细资料开发个性化的学习课程。如果能将区块链和智能合约加入其中，那么教育类去中心化自治组织就可以为贫困群体提供受教育的机会，协助消除贫困。

不可逆的所有权记录

财产所有权登记的正确性和完整性至关重要，同样重要的是防止在未经授权的情况下对数据记录进行修改，甚至是欺诈性修改。因此，无论是数字财产还是非数字财产，区块链都适用于登记它们的所有权。这将保护财产所有者的权利，应对盗窃，让纠纷更容易解决，确保所有权转移信息正确，避免欺诈。这是因为，在区块链上所有的记录都是不可篡改，可验证、可追溯的。

已有多个国家正在考虑引入区块链技术来登记土地所有权。瑞典、洪都拉斯和格鲁吉亚等国家正在测试区块链技术的此类应用。不过，洪都拉斯的尝试最近已经停止。这些国家正在开发透明的土地注册服务，实现简便注册，充分尊重土地所有权。在区块链上登记土地产权等财产所有权具有多方面的优势，例如大幅减少人为出错，优化与文书流转、抵押贷款和合同相关的安全流程。

区块链带来了不可逆的所有权记录。一旦数据上链，就无法对其进行篡改。此外，智能合约的应用意味着只要满足正确条件，那么所有权就可以自动转移，从而保护买卖双方免遭欺诈。因此，区块链确保了简单而安全的财产所有权登记。如果财产所有权很容易得到证明，那么人们就有更好的机会在资本主义社会中取得成功。

> 有了产权、股份和财产法，人们就可以超出他们已有的财产，即作为庇护所的房屋，去思考未来的可能性，例如用信贷担保去创建或壮大企业。
>
> ——赫尔南多·德·索托

一旦财产所有者可以记录他们的所有权，那么就可以更好地证明财产是否存在，从而增加他们获得银行贷款的可能性。当然，证明财产所有权并不能解决腐败问题。

人人都可享受普惠银行服务

金融普惠是消除贫困的一个重要步骤。金融服务为人们带来了更多的自由，让他们可以随时随地、随心所欲地储蓄和消费。不幸的是，对贫困群体来说，开立银行账户，获得贷款用于日常生活或做生意并不容易。他们可能没有正式的身份证明（这可以通过自主主权身份来解决），也可能没有信用记录，因此几乎不可能获得银行贷款。结果，他们被迫以家畜等形式来积存自己的资产。但如果需要购买药品等必需品，很明显家畜的流动性不好。此外，信用卡购物的交易费大约为每笔 0.5 美元，而极端贫困人口每天的收入仅为 1.9 美元。

区块链技术正迅速改变这样的局面，我们已经看到了比特币带来的改变。使用比特币，所有连接至互联网的用户都可以新建钱包账户，收发资金，而不需要身份证明或信用记录。过去多年，有些国家的用户一直使用预付费手机中的余额作为货币。手机通话分钟数或余额可以在手机、交易商之间转账，也可以出示给其他商品所有者，用于购买或交换商品和服务。这类似于区块链上的通证或加密货币，但安全性相对较低，容易遭到欺诈。

区块链和加密货币的引入可以为贫困群体带来多种形式的新产品与新服务，成本也能大幅降低。这将显著地改善贫困群体的生活。例如，小额贷款或发薪日贷款的成本将降低至传统发薪日贷款的小部分。Wayniloans 公司正在开发比特币贷款平台，并且已经在拉美地区引起了关注。该公司提供多种贷款服务，包括现金预付、点对点贷款和商业贷款。由于使用了比特币区块链，因此费用比传统贷款公司低得多。

区块链在这个领域的另一大应用是汇款，这也可以显著地改善贫困群体的生活。今天，超过 4 100 亿美元的汇款流向发展中国家，平均费率为 7.4%，在某些地方甚至高达 12%。汇款是一种经常性的必需交易，但往往费用昂贵、不透明，且成本主要由贫困群体承担。对那些需要将钱跨境汇至另一个国家的穷人来说，区块链可以节约大量的费用。因此，包括联合国在内的许多组织和创业公司，正在开发基于区块链的汇款服务。基于区块链的汇款服务采用加密货币，实现资金在全球范围内的实时转账，成本则只是此前的一小部分。当地代理可以协助将加密货币兑换为资金接收者可使用的法币。汇款不再需要几天的时间去处理，也

04 普惠金融服务，消除世界贫困

不需要大笔的手续费，整个过程只要几分钟，并且成本低得多（不过如前文所述，目前与比特币相关的交易成本仍然较高）。

最终，无须预先建立信任的贷款可以带来将金融产品提供给贫困群体的智能资产和智能合约。利用个人拥有的资产或借款人群体的共同财富作为抵押，信贷服务的范围将扩大，竞争力将提升，而成本则会降低。这些机制让社会上更大比例的群体可以获得贷款。智能合约则确保自动还款，降低合同纠纷的风险。

用法治减少不确定性

根据法治的定义，包括政府在内，一个国家及其人民都应该受到法律的管辖，同时遵守法律。此外，人们能够遵守法律并愿意接受法律的指导。换句话说，政府和公民都了解法律并遵守法律。法治原则要求基于法律而不是政府官员个人的武断决定来治理国家。法治的缺失将导致非正规经济规模扩大，因为正规经济的运行成本会变高，而合法经营的难度变大。显然，某个国家的完整法律体系很难通过区块链去存储和执行。然而通过引入智能合约，在法律的某些部分实现这个目标并不难。区块链已经给司法带来了深远的影响，律师们正在尝试了解，区块链将如何影响他们的生意。区块链和智能合约可以将法律合同转换为代码，同时实现跨司法管辖区的可理解、无争议。

正如上文所述，智能合约可以视为用布尔表达式和算法来执行特定操作的软件程序。在满足预定义条件时，智能合约将自动执行，不可能被漏过。在很多情况下，传统合约会被无视，付款被延迟甚至拒绝，纠纷需要通过法庭解决。这导致相关当事人不得不花费大量的时间和金钱。如果得到正确的开发和部署，智能合约可以防止出现这种情况，因为合约在满足某些预设条件后将自动执行。因此对组织和公民来说，遵守法律规定和协议将变得更容易，降低遵守规则的成本，进而缩小非正规经济的规模。

当然，仍有许多技术和组织挑战需要解决，同时也不是所有的合同都可以转换为布尔表达式。智能合约不可能凭空运行，法律框架依然重要。不过，如果智能合约在发展中国家获得普及，那么将发挥巨大的潜力。

为贫困群体提供去中心化的身份

区块链使多个利益相关方可以访问共享数据库中的记录，进行添加或更新操作。这种特性带来的主要优势在于，作为公有链或私有链一部分的组织永远可以获得最新、统一的事实信息。对金融服务业而言，这减少了结算时间、成本以及欺诈和出错的风险。而想要帮助贫困群体的营利性或非营利性组织也都可以从中受益。

对发展中国家来说，情况尤其如此。在这些国家，许多组织都尝试帮助贫困群体，有时会长时间援助同一个对象。但在以往，有着相关关系的数据相互隔离，无法用于建立信用记录或形成其他重要的证明，用于完成交易、获得资金，以及转让财产所有权。如果多个组织使用相同的分布式数据库，公民都拥有自主主权身份，那么个人建立起的档案不仅对他们自己有帮助，对那些想要帮助他们的组织也很有用处。由于不再需要不断地提供个人信息并在多个组织内更新这些信息，这样的系统可以帮他们节约大量的时间和精力。

一旦多家公益机构开始合作，并使用共同的共享数据库，那么就可以提高扶贫工作的效率，降低成本。如前文所述，这给贫困人群提供了可用于其他活动的个人经济档案，将会改善他们的生活水平。

本章总结

区块链将带来真正的脱贫机会

未来不应该存在贫困现象。按照联合国的目标，到 2030 年，全球将消除贫困。大数据分析、人工智能和区块链将助力我们实现这个大胆的目标，但前提是全球各地的组织展开合作。

如果完成部署，那么区块链上的财产所有权可以证明某栋房子或某块土地的所有权。公民的全面经济档案进行通证化、加密处理，并且使用被多家组织接受的自主主权身份；包含这些经济档案的分布式账簿可以为贫困人群提供信用记录。结合这些技术，基于区块链的金融机构可以以极低的成本提供即时贷款，帮助贫困群体改善生活，建立或发展他们的生意。借助适当的智能合约，法治将得到自动实施，从而降低合法经营的成本，缩小非正规经济的规模，从而改善政府监管，增加税收，让国家更稳定，经济获得进一步的发展。区块链给贫困群体提供了改善生活、实现数字资本变现和脱贫的机会，带来真正的范式转变。

05

停止现金流通，一网打尽腐败、逃税和洗钱

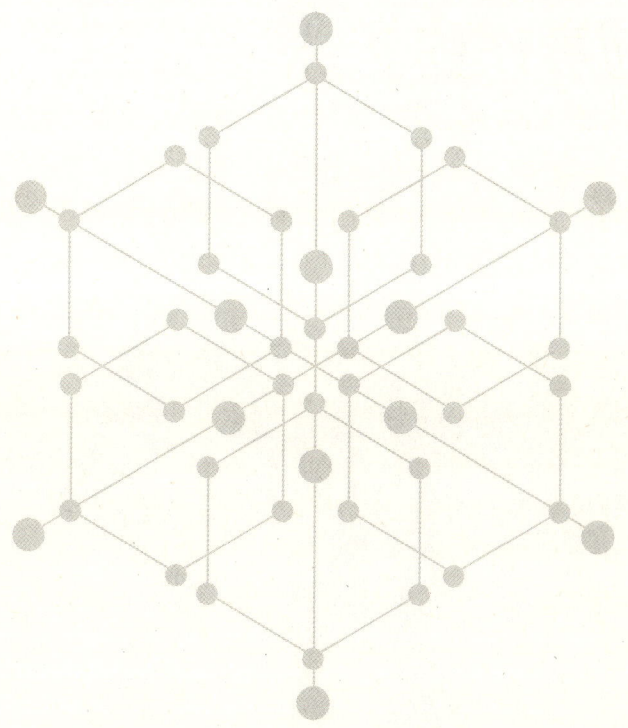

Blockchain

欺诈（Fraud）：

<u>为了获得经济利益或其他个人利益而从事的不正当欺骗或刑事诈骗。</u>

05 停止现金流通,一网打尽腐败、逃税和洗钱

腐败、逃税和洗钱这些罪恶的行为都是由贪婪驱动的。犯罪者隐藏合法应税收入,或通过犯罪行为、欺诈、贿赂及暗箱操作获得非法收入。这些犯罪行为的直接受害者包括雇主、客户、合法的生意,以及政府、税务和财政机构,而间接受害者则包括发生这些行为、本应获得相对应财政收入的社区和司法管辖区。

隐瞒收入造成了巨额损失,全球范围内因此而遭受的损失估计高达数十亿美元。根据经合组织(OECD)的数据,腐败的成本占全球国内生产总值的 5% 以上。总体而言,腐败降低了效率,加剧了不平等。通过在无须授权的网络中安全地管理身份,区块链技术有助于降低以上问题发生的可能性。

正如我们在第 2 章中所讨论的,区块链技术可以分为两种:有授权链和无授权链。比特币就运行在无授权网络上。在无授权网络中,用户之间的交互通过假名来完成,用户身份由私钥和公钥来保护。比特币区块链和其他无授权加密货币网络使得腐败、逃税和洗钱成为可能。另一方面,在有授权网络中,用户需要标识自己的身份,或将身

区块链蓝图 Blockchain

份信息提供给中央管理机构，创建用户账号。后一种区块链网络吸引了企业和政府的关注，因为这种技术支持无缝地向监管机构报告交易。有授权链可以实现自带身份验证、安全的信息交互，我们将探讨这方面的可能应用。结合数字身份，有授权网络上的用户可以安全地开展在线活动，无缝地向监管机构报告活动。随着许多企业和政府的记录和交易信息迁移至在线网络，通过区块链技术来管理权限和账簿，并向监管机构报告是互联网发展的下一个合理步骤。云端应用的发展，以及移动便携设备处理能力和联网能力的提升，使这一切成为可能。

在 20 世纪中后期计算技术出现和普及之前，商业信息和政府记录通常是由人工维护的。记录和账簿以实体副本的形式保存。因此，这样的系统很容易出错，或受到破坏，而机构之间的交叉检查或数据共享往往费时且昂贵。如果记录保存策略和文档访问管理出问题，那么可能造成巨额的运行成本，带来不利的法律后果。

从 20 世纪 60 年代开始，全球各地的企业和政府都开始使用计算机来管理记录。到 80 年代，组织内联网计算机的应用让节点和部门之间可以共享和传输数据。在这些专用网络中，用户不需要相互隐藏身份，因为他们正在参与共同的工作。但随着互联网的出现，以及相互竞争或彼此未知的节点与用户之间的互联，创建用户的账号密码开始越来越有必要。

自 20 世纪 90 年代初以来，滥用计算机以及在未经授权的情况下访问或操纵计算机上的数据给社会和所有经济体造成了严重的问题。由于

05 停止现金流通，一网打尽腐败、逃税和洗钱

有风险的计算仍在继续发展，这些风险中的大部分很难得到控制。

当银行、雇主、企业和政府要求在线网络中的参与者创建用户账号与密码时，正式的线上关系就建立起来。在这些关系中，面临风险的不仅仅是财务安全。对个人信息和机密数据的收集需要更高的安全级别，以防隐私信息泄露和欺诈。本章探讨的就是这些正式的线上关系。能够受益于区块链技术的活动包括：验证、资产转移、所有权和身份。

如果政府、银行和企业采用区块链技术，那么就可以简化在线交易，减少腐败、欺诈和逃税现象。至少到目前为止，区块链是我们所开发出的最复杂的追溯系统，因此实现以上目标并不难。在货物和产品从 A 点转移到 B 点时，首个供应链系统提高了信息可见性和我们的控制力。同样的方法也适用于追踪资金和资产流动。如果想要追回犯罪所得，识别未申报的收入和盈利，那么跟踪资金及其替代物的流动是其中的重要环节。然而，传统概念和技术已经无法支撑当今复杂的全球数字化资产和货币。

区块链的目标是为参与者建立网络，设置规则去管理公共账簿和智能合约。如果所有用户都可以看到并验证交易，那么任何人都无法逃避自己的个人和公民义务。为了解决腐败、逃税和洗钱问题，无论在什么策略中，关键的组成部分之一都在于确保所有参与者都无法逃避义务。由于我们的经济运行中现金的使用越来越少，因此线上交易的可见性和可验证性就变得非常重要了。

区块链蓝图　Blockchain

现金的困境

2017 年 1 月，波士顿警方在一名涉嫌洗钱的巴西男子的床垫下发现了 2 000 万美元。检方指控 28 岁的科莱博·雷内·雷泽里奥·罗沙（Cleber Rene Rizerio Rocha）在一桩涉案金额达数十亿美元的诈骗案中藏匿了非法所得。在 5 年时间里，罗沙和他的助理一直声称他们的公司 TelexFree 是一家电信公司。最初，该公司的主要收入来源是标价 20 美元的互联网服务订购费。这种商业模式看起来没什么问题。然而，TelexFree 在成立后不久就曝出了丑闻。当时，该公司的标志与世界羽毛球锦标赛的标志完全相同，该公司剽窃了这个体育赛事的标志设计。

随着公司发展壮大，看似成功的 TelexFree 开始邀请投资者购买其股票。参与者可以以每股 1 400 美元的价格买入股票，而 TelexFree 承诺他们将快速获得高达两位数的回报率。此外，参与者介绍亲朋好友加入也可以获得奖励。根据美国联邦调查局的报告，TelexFree 招募了数千名"推销员"，在互联网上发布产品广告，推广服务。每个推销员都被要求以一定的价格购买 TelexFree 股票。随后，只要持续在互联网上发布 TelexFree 语音通话服务的广告，就可以根据复杂的收入分配结构每周获得 TelexFree 支付的报酬。

要求参与者发布广告是一种毫无意义的做法。推销员将广告发布至 TelexFree 提供的各种分类广告网站上，但这些网站早已充斥着早期参与者发布的广告。根据诈骗案受害者提供的证据，TelexFree 只有小部分收入来自服务销售，不到 TelexFree 此前两年数亿美元收入的 1%。实际上，该公司的大部分收入来自新加入的投资者。TelexFree 通过新推销员支付的资金来发放承诺给老推销员的回报。到 2014 年，很明显罗沙和他的助理只是在经营一场国际性的庞氏骗局，利用不断扩大的投资者网络来借新还旧。

庞氏骗局并不新鲜，其历史可以追溯到 19 世纪末。这种骗局以波士顿商人查尔斯·庞兹（Charles Ponzi）命名，最初的实施者是纽约的骗子威廉·米勒（William Miller）。1899 年，米勒从投资者那里借到了 100 万美元，并宣称他懂得如何经营公司，让投资回报率高达 520%。

所有庞氏骗局的核心在于违背信托责任。客户或投资者将资金交给投资经理；投资经理负责以某种方式投资客户的资金，例如比特币或股票交易；投资经理就这笔资金对客户负有信托责任。信托责任是一种特殊的义务，它确保投资者和受托人之间能够保持健康的关系，这同时也是金融业的重要基石。信托法绝不可以轻易削弱或调整。信托法是一种复杂的社会现象，有着丰富的法学、心理学、人类学和宗教学基础。信托关系是我们做生意的道德基础。然而不幸的是，历史多次表明，许多受托人会转变为掠夺者。

在罗沙的案例中，欺诈的事实和规模并不是最引人关注的部分，吸引人眼球的是他藏匿在床垫下的现金。大部分新闻报道都以这个新闻点来吸引观众阅读。藏匿 2 000 万美元现金并不容易。对洗钱者来说，最受欢迎的是 100 美元面额的钞票。小额钞票会导致钞票数量太多，难以藏匿和携带。如果罗沙的每张钞票面额都不超过 100 美元，那么他必须藏匿至少 20 万张钞票，而这些钞票也将不再流通。

尽管藏匿大量的钞票很困难，但在犯罪活动中，现金仍然非常流行，因为这是为数不多的可以确保匿名、无法被追踪的价值保存方式之一。澳大利亚税收和金融服务部部长凯利·奥德维尔（Kelly O'Dwyer）表示，在澳大利亚流通的 100 美元面额纸币是 5 美元面额纸币的 3 倍。在美国，研究显示，绝大多数 100 美元面额的纸币出现在迈阿密，或加拿大和墨西哥的边境地区。

影子经济，普遍存在的地下生产活动

除了庞氏骗局和企业诈骗之外，还有许多其他活动也依靠现金来隐瞒非法所得。影子经济（也称作"黑市"）有多种形式。此类经济活动通常可以分成两大类：

- 非法货物或服务贸易。这种贸易以现金支付，确保交易本身不被发现。
- 以未申报现金来交易的其他合法生意。参与者以欺骗性手段申请优惠，或是逃避缴纳所得税或消费税。

在大部分国家，这两种类型的活动都被视为刑事犯罪。

05 停止现金流通，一网打尽腐败、逃税和洗钱

以现金交易的经济活动每年导致各国损失数十亿美元的财政收入。2015 年，澳大利亚政府向超过 2.1 万家小企业发出书面通知，宣布将在接下来的一年中对企业账户进行审核，以确认它们与客户和供应商之间是否存在未申报的现金交易。通常，这些企业的老板与客户直接打交道，他们可以通过少报现金收入或夸大经营成本来避税。这是澳大利亚统计局 10 年来首次针对"地下经济"更新估计数据。该部门估计，澳大利亚的"地下生产活动"（即现金经济），规模占到国内生产总值的 1.5%，或每年大约 240 亿美元。

洗钱与反向洗钱

所谓"洗钱"，就是将非法获得的资金通过某种形式进行转换，使其来源无法被政府部门发现。最流行的方法是通过赌场赌钱，方法很简单。如果犯罪分子想要洗掉贩毒所得的 50 万美元，那么只需在赌场购买 50 万美元的筹码。他可以将其中的 25 万美元押在 50% 胜出机会的赌注上，另外的 25 万美元放在另一方。无论哪方获胜，他最终到手的钱都等同于下注额。随后他将筹码还给赌场。这 50 万美元不再是犯罪所得，而是变成了从赌场赢来的钱。

所谓"反向洗钱"，就是将用于非法目的的合法资金掩盖起来。反向洗钱的目的通常包括以下 3 种：

- 资助非法活动，例如恐怖主义活动。
- 犯罪组织投资开展合法业务，需要从正规流通渠道中提

取这些资金。
- 未列入官方财务报告、下落不明的现金，可能被用于逃税以及支付贿赂或秘密佣金。

违法商品和假货的贸易

违法商品贸易通常包括销售假货（商标侵权）、盗版（版权侵权）、走私合法商品和逃税等行为，一方面涉及将假货或仿冒产品当作正品销售，另一方面则涉及在黑市上销售正品以逃避纳税。在躲避监管的情况下，这些活动背后的犯罪分子常常无视用户的健康和安全，兜售存在安全隐患的产品。这种现象正愈演愈烈，给社会和全球经济带来了巨大的风险。

社会各个阶层都受到违法商品贸易的影响。例如，假冒伪劣产品损害了合法生产和销售产品企业的利益，政府无法就黑市上生产和销售的商品获得税收，消费者将面临不合格产品带来的安全隐患。关于违法商品造成的巨额成本，澳大利亚的例子很典型。违法药品的年贸易额占澳大利亚国内生产总值的 0.4%，或每年约 65 亿美元。

客观认识腐败

腐败的具体行为包括贿赂、挪用公款、裙带关系以及利益集团操纵政府等。腐败通常与操纵投票、欺诈和洗钱等其他非法行为有关，

05 停止现金流通，一网打尽腐败、逃税和洗钱

并因受到这些非法行为的推动而更加猖獗。

腐败是全球各地共同面对的一个问题，在许多情况下涉及提供给决策者的大笔现金或电子付款。例如，一家跨国公司提交的方案不符合标准，但仍通过行贿赢得了公共事业合同，或修建公路桥梁的标的；或者一名官员任命自己的亲朋好友担任某个职务，但实际上他们没有资格或经验。

根据经合组织的报告，腐败给经济、政治和社会发展造成了越来越高的成本。然而，关于为何要支持反腐败斗争，公众知之甚少，这样的话题也很少出现在政治辩论中。腐败的受害者实际上是弱势群体。

越来越有"创意"的逃税方式

逃税是指逃避向政府或司法管辖区纳税的违法行为，逃税活动制造了大多数隐藏在官方视线之外的"影子经济"。具体来说，逃税就是人们通过蓄意的不诚实行为，欺骗税收和养老金制度，为自身谋取经济利益。按照规则，这些不合规的活动往往会受到刑事处罚，例如罚款和监禁。犯罪行为既包括蓄意违法，例如隐瞒现金工资以避免纳税或获得享受某些社会福利的资格，也包括利用复杂的秘密离岸机制而逃避纳税。据估计，占全球国内生产总值5.1%的逃税与各国的影子经济活动相关。

逃税有多种形式。逃税的手段越来越有"创意",而执法部门也在展开创新,利用大数据等技术来惩治逃税。2016 年,澳大利亚税务局决定打击税务违法者。该部门对 Twitter 和 Facebook 等社交媒体平台的数据进行分析,将这些数据与手头的其他数据源结合在一起使用。澳大利亚税务局从广泛的公共和非公共服务中收集数据,数据源涉及移民、汽车登记、证券交易所、银行和医疗保险等。将这些数据与来自社交媒体的公开数据相结合,该部门就可以方便地追踪到税务违法者。例如,2016 年 11 月,该部门发现,有一个家庭报告的总收入为 14 万澳元。尽管这笔收入颇为可观,但明显不足以支付家庭开支,包括花费 7.5 万澳元将 3 个孩子送到私立学校,一年 3 次为全家预订商务舱机票,以及前往加拿大滑雪胜地惠斯勒度假。Facebook 账号中有他们全家在惠斯勒滑雪时的照片。澳大利亚税务局将 Facebook 数据、移民局数据以及其他数据源关联在一起,从而做出判断。不过,逃税并不是家庭或企业避税的唯一方式。

"秘密"的避税天堂

避税天堂是提供更优惠税率的金融产品或司法管辖区,主要目的是为了吸引企业。首批避税天堂设置的税率极具竞争力,不仅吸引企业前往该司法管辖区注册,还吸引企业在这里开展经营活动。例如,19 世纪末,美国特拉华州试图从纽约和芝加哥挖走企业。为了使特拉华州成为更具吸引力的商业经营地点,该州政府征收的企业税比美国其他地方低很多。这样的策略非常成功。不过在过去的 30 年中,

05 停止现金流通,一网打尽腐败、逃税和洗钱

由于互联网和电信技术的发展以及商业行为的持续进化,许多企业尽管注册地在特拉华州,但并没有将实际的业务经营转移到注册地址。这些企业仅仅是将注册地址当作"登记中心"。

这些登记中心本身就是一笔大生意。据估计,在特拉华州注册的美国公司和信托超过 100 万家,其中超过 28.5 万家选择了该州最热门的地点,即奥兰治圣威尔明顿。特拉华州的企业客户包括苹果、谷歌、Facebook、伯克希尔·哈撒韦(Berkshire Hathaway)、沃尔玛、5 家克林顿基金会以及特朗普酒店。尽管企业所得税的税率很低,但这仍给特拉华州贡献了 1/4 的财政收入。

虽然这些公司在特拉华州的注册很透明,但并非没有争议。宾夕法尼亚州等邻近州公开指责,由于特拉华州的行为,它们难以向当地企业收税。例如,有些企业在宾夕法尼亚州开矿,但由于其注册地在特拉华州,因此可以不必向宾夕法尼亚州纳税。

与透明的避税天堂相比,秘密的避税天堂制造的问题更严重。全球有 30 多个国家提供企业和信托注册服务,其中包括瑞士、开曼群岛、巴哈马群岛、库克群岛、英属维京群岛和荷属安的列斯群岛等。秘密避税天堂需要可信的第三方的参与。这些第三方包括律师、会计师、受托人、被提名人以及其他代理人,他们位于低税率的司法管辖区。这些避税天堂运行的核心是银行保密法。例如,在加拿大获得的收入可能通过一系列复杂的交易输送到库克群岛,然后伪装成贷款再返回加拿大。

大部分避税天堂都获得了当地立法机关的支持，以确保可以通过严格的保密法保护客户不受国际调查，无论是破产受托人、传票、法庭令，还是司法判决。尽管这并不意味着这些国家的议会打算帮助隐瞒欺诈活动，但这样的商业文化毫无疑问会制造出这类糟糕的副产品。保密法影响到登记中心和银行，资金被隐藏在编号不可追踪的银行账户里。由于这方面的原因，很难估计这些地方究竟隐藏了多少财富。然而，由于一位匿名人士向德国一份报纸泄露了信息，全球最大的避税天堂之一的运行情况于2016年被曝光。这些名为"巴拿马文件"的资料显示，律师事务所莫萨克·冯赛卡（Mossack Fonseca）在45个国家雇用了600多名员工，帮助客户将财富隐藏在巴拿马的银行账户中。此类活动规模很大。这些文件曝光了复杂的财富隐匿网络，以及帮助全球各地商人和犯罪分子洗钱的阴暗行为。有评论人士认为，巴拿马文件的曝光只是揭开了避税天堂的冰山一角。

福利诈骗

福利诈骗是伴随福利国家发展而产生的富有争议性的问题。现代福利国家被设计成综合性的系统，政府通过该系统向所有有需要的公民提供支持，以消除贫困，提高社会的健康和福利水平。在福利制度中，老年人、失业人员、智力和身体残障人士、单亲父母与学生通常可以获得各类生活津贴，以及政府资助的一系列直接和间接福利，例如儿童抚养费，或者免费或优惠的医疗服务和儿童保育服务。近年来，寻求庇护的人群也开始逐渐享受到这一福利。

05 停止现金流通,一网打尽腐败、逃税和洗钱

福利国家制度长期以来备受批评,原因之一是这导致了诈骗活动层出不穷。毫无疑问,早期的福利制度极易被滥用。例如,20世纪70～80年代,"失业救济"和"福利女王"在许多国家都是广受热议的社会和政治话题。人们假装生病或残疾,依靠福利生活而逃避工作,或是边工作边领取救济金。这样的现象非常普遍,甚至成为社会谈资。如果有权申请福利,并且福利收入非常丰厚,那么人们就有动机通过欺诈而享受福利。

社会福利发放通常有两种标准,即通用标准和基于对经济状况的审核。所有符合通用标准的人都可以享受福利。例如,任何超过一定年龄的人都能获得退休金。对经济状况的审核则与收入和资产挂钩。可以享受福利的人必须达到一定门槛,例如已有一定年龄,且收入和资产必须低于某个数额。在澳大利亚,对经济状况进行审核是福利发放的主要参考标准。通过减少受助人数,这种做法成本相对较低,并且福利只提供给有需要的人,看起来更加公平。不过,审核经济状况也造成了其他问题,例如需要更复杂的官僚机构,而且有些申请人故意低报或隐瞒收入和资产。

如果看看澳大利亚公共服务部下属联邦福利机构 Centrelink 的统计数据,那么可以注意到,以往如果有人想非法获得福利,也很难被发现。2008—2009年,Centrelink 代表27个政府部门和机构,向680万人分配了大约140种类型866亿美元的福利,其中包括1 040万美元的个人福利。Centrelink 还批准了270万个新的福利申请。这些申请由雇

用了不到 2.8 万名工作人员的 1 000 多家服务中心处理，用户记录中记下了超过 60 亿笔交易。

这些机构关心的主要问题之一是，福利申请者是否确实有资格申请福利，并最终收到了付款。以往，由于有 60 亿笔交易需要监督，因此控制起来很难。然而随着大数据分析的出现，政府部门有了新工具去打击福利诈骗，确保"付款属实"。目前，对福利诈骗者的起诉每年都在增加。然而，许多反诈骗措施也被认为是对福利申请者的污蔑，而相关部门过度依赖刑事诉讼来处罚，因此备受批评。

此外，福利诈骗还有另外一种特别的形式。福利申请者实际上有收入，但隐瞒自己因有工作而无权享受福利的事实，从而享受福利待遇。

堵住税收缺口的传统方法正在失效

在美国，税收缺口每年超过 4 000 亿美元。[1] 税收缺口是应税数额和税务局实际征收数额之间的差额。全球每个发达国家都存在税收缺口。这种缺口的存在很大程度上是由于避税天堂的银行保密法，以

---

[1] 根据美国国税局的数据，2008—2010 年，年度平均税收缺口估计达到 4 580 亿美元，而 2006 税务年度为 4 500 亿美元。美国国税局的执法活动和逾期支付带来了额外 520 亿美元的纳税，将 2008—2010 年的净税收缺口缩小到每年 4 060 亿美元。据估计，目前的主动税务合规率为 81.7%，低于此前估计的 83.1%。在考虑强制执行和逾期支付之后，净税务合规率为 83.7%。

及腐败和洗钱者的其他影子经济活动。近年来，美国等损失大笔税收的国家已经与其他一些国家签署了谅解备忘录和条约，努力堵住税收缺口。除这些措施以外，美国司法部和美联储还加大了对外国银行美国分行的合规要求。为了保护美国证券市场，美国的法院已开始采取措施，绕开他国的银行保密法。美国法院发出的法庭令要求银行客户放弃银行保密法。法院的理由是，保密法的存在是为了保护银行客户，而不是为了保护外国的公共利益。这也表明，美国目前对于确保证券市场诚信非常感兴趣。

为了缩小税收缺口，经合组织也提出了3项全球性的倡议：国际税务规则、税务条约和透明度。制定"关于税收和资本的税务示范公约"，作为全球3 000多个双边税务条约的谈判基础。制定"多国企业和税务机构的转让定价指南"，为监管机构提供充分的信息用于审核。近年来，经合组织越来越多地关注当前转移定价文件指南的有效性。特别是随着各地转移定价文件规则越来越多，纳税人担心，为满足各个司法管辖区特定要求而产生的转移定价合规成本变得越来越高。然而税务机构表示，现有的转移定价文件无法提供充分的信息，去满足风险评估和税收执法的要求，也无法展示全球范围内纳税人的纳税全貌。因此，经合组织重申了总体核心目标，即鼓励纳税人在提交所得税退税申报前，在充分知情的情况下对自身义务进行评估。

与此同时，经合组织举办了"有害税收行为论坛"，为公平竞争与最大程度减少税收扭曲提供支持。在探索过程中，已有40多种制度被认为可能有害，而所有这些制度都已被废除或调整。缺乏透明度会助长有害税收行为。尽管区块链并不是解决税务系统所有问题的灵丹妙药，但可以应用在许多领域，降低行政负担，实现低成本征税，缩小税收缺口。区块链可以在企业内部、企业之间、企业与用户之间、企业与政府之间降低成本并创造更多的价值。通过对多方面应用的尝试，区块链可以提供有关交易源头、过程和透明度的实时而安全的信息。

为了解决福利诈骗问题，澳大利亚政府制定了多种识别诈骗的方法。在澳大利亚和海外采取的反诈骗措施包括：政府机构之间的数据匹配，加强身份验证，秘密的监控和录像，通过更多司法会计鉴定和实地走访来加强调查，增加起诉，通过债务回收策略和资产没收来追回税收，以及公开举报热线。通过监控银行账户和社交媒体活动，这些措施中的大部分都可以实现自动化。然而，如果用现金来支付工资，就很容易通过使用现金支付日常费用来隐瞒付款。如果在经济活动中全面停止现金流通，那么这类欺诈活动就会变得更困难。

停止现金流通

2016年12月，澳大利亚政府宣布计划成立特别工作组，研究黑市经济中现金发挥的作用。该工作组将特别关注，是否应该逐步取消100澳元和50澳元纸币的流通，协助追回数十亿美元的税收，同时减少福利诈骗。该工作组建议，大额纸币被用于支付未申报的收入，从而逃避缴纳商品税和服务税，为来自非法活动的收入洗钱。此外，澳大利亚政府也在考虑为现金购物设置限额。

05 停止现金流通,一网打尽腐败、逃税和洗钱

这些想法并不新奇,至少其他十几个国家也在探索类似的措施。例如,瑞典已经立法,要求现金收银机将所有交易记录直接发送给财政部。

经济学家认为,全球各国的大部分大额纸币并没有流通,而是被囤积或隐藏起来了。囤积者担心经济或政治崩溃及其对货币的影响。然而,现金流通最大的问题却是给犯罪带来了便利。

纸币,特别是100美元或500欧元等大额纸币,有助于犯罪活动。这些活动可能涉及敲诈、勒索、洗钱、贩毒和人口拐卖、公职人员腐败和恐怖主义。加密货币、未切割的钻石、金币和预付费卡可以当作现金的替代品,但对于多种类型的犯罪活动,现金仍是最主要的工具。目前,全球没有任何地方像印度一样,积极地减少现金使用,将其视为打击逃税和腐败问题的手段。印度政府这样做是因为,腐败、福利诈骗、假币、洗钱和其他黑市活动每年给政府带来了大笔税收损失,而大面额纸币是这些活动中使用的主要交易工具。

2016年11月,印度总理纳伦德拉·莫迪(Narendra Modi)出人意料地宣布禁止该国面额最大的纸币流通,目的是打击印度地方性的腐败。这项禁令想要遏制假币流通,并将目标瞄准依赖来源不明现金的恐怖组织。此外,这项举措预计还可以帮助印度政府解决系统性问题,包括依靠现金实现的行贿和逃税。然而,这项用印度语和英语在印度全国电视台发表的声明很快就造成了动荡。如果废除当前版本的500卢比和1 000卢比(约等于8美元和15美元)面额的纸币,

实际上将废除流通中货币的 80%。

欧洲央行则宣布，从 2018 年起所有大额欧元纸币都将停止流通。然而到 2017 年 9 月，某些个人，很可能是犯罪分子，已经尝试不再使用纸币。在瑞士，瑞士银行一家分行及附近小酒馆下方的下水道出现堵塞，造成堵塞的是数万张大额欧元纸币。这些纸币被冲进了厕所。Pizzeria du Molard 餐厅的服务员告诉当地一家报纸，在男厕所堵塞后该餐厅报了警。在调查之后，工作人员在洗手间管道中发现了几十张被撕碎的 500 欧元面额的纸币。调查人员报告称，这些钞票似乎来自日内瓦的一个保险箱。尽管在瑞士损毁钞票并不违法，但当地警方表示，此案值得进一步调查。这些钞票被丢弃可能与非法活动和洗钱有关。不过截至本书写作之时，确切的原因仍然不明。

在各个司法管辖区，封堵税收缺口的尝试都遇到了障碍，即逃税者和为他们提供服务的人没有任何动机去合作。用加勒比地区一名银行官员的话来说，"要求披露信息就是要消灭逃税"。现在是时候采用新方法了。

利用区块链堵住税收缺口

相对于传统的在线支付系统，区块链的优势在于具备类似现金的完整性和不可篡改性。由于需要授权才能进入支付网络和系统，因此完全有可能将交易与税收义务关联在一起，确保税务机关完成征税。

05 停止现金流通，一网打尽腐败、逃税和洗钱

与现金类似，返回区块链转账的唯一方式是发起新的转账，而区块链不可篡改的特性意味着不会存在仿冒风险。对于纸币和硬币，具备相关技能的犯罪分子可以制造出假币；然而在区块链网络中，进行这样的活动或诈骗是不可能的。

乌克兰正在探索运用区块链来打击腐败，尤其是在政府资产的出售过程中。乌克兰财政部长奥勒桑德·达尼留克（Oleksandr Danilyuk）指出，除了公共资产账簿不可篡改的特性之外，基于区块链的系统主要优势之一在于，它完全消除了投标期间行政干预的可能性。他承诺，"新的在线拍卖将完全透明公开"。这样的电子拍卖不仅适合当前的基础设施，还可以减少文书工作。

使用区块链技术可以监控所有电子支付和交易，包括向其他司法管辖区转账。区块链的底层技术可以验证用户和交易，解决"多次消费"问题，提高交易的速度和安全性。区块链降低成本的另一个方面在于简化客户身份验证和反洗钱合规工作。除了识别和验证用户身份之外，区块链还可以追踪资产转移。每笔交易都具有唯一性，加密货币本身的行为方式与有标记票据类似：从创建的那一刻开始，任何单个单位或文件在网络中转移时踪迹都可以追溯。因此需要指出，尽管有些人认为比特币是匿名的，但实际并非如此，比特币只是一种伪匿名的工具。这意味着，只要手中有足够多的数据，人们就可以发现交易中的模式，解除数据的匿名化。在今天的大数据时代，获得这些数据并不困难。通过将公钥关联至实际身份，执法者可以识别区块链网络中的每个连接。然而，大数据分析无法解决所谓"融合器"，即为隐藏资金转移信息而开发的在线平台带来的挑战。利用融合器，当用

户 A 和 B 将资金发给 E，而 E 随后将资金发给 C 和 D 时，外界无法识别 A 的资金究竟是给了 C 还是 D。如果交易规模达到数千笔，那么局面会变得更混乱。

但无论如何，为了实现这两个明显相互冲突的目标（隐藏合法交易参与者的身份，同时曝光非法或可疑交易参与者的身份），我们可以对智能合约进行编码，监控和报告网络上的交易。

在用户与网络上的其他人打交道时，无授权链（公有链）支持用户控制在多大程度上进行隐私保护。对于有授权系统，如果其中包括监管机构，那么也将支持私密交易，同时可以用代码识别出特定行为。这种自治和控制能力支持用户基于网络类型选择在交互中想要的隐私保护等级。合法交易参与者的隐私将受到保护，而试图从事非法或可疑交易的人会被拦截，直到他们能合理解释他们为什么要这样做。如果在解释过程中需要他们披露自己的身份，那么这就是使用区块链网络处理此类交易所付出的成本。

虽然仍存在风险，某些参与者可以操纵交易结构，掩盖或隐瞒支付总额或支付目的，但需要指出的是，这个问题当前已经大规模存在。利用内建信任协议的在线系统可以让更多的人参与进来。

2013 年对比特币交易可追溯性的研究表明，可以利用区块链网络中的漏洞来协助识别特定交易。或许正是基于这样的发现，ZCash 等公司才尝试推动在比特币之上加入安全传输层这种创新。通过在公有链中加入保密性，分布式账簿在文化层面就会与基于现金的传统金

05 停止现金流通，一网打尽腐败、逃税和洗钱

融隐私协议相一致。保护金融隐私甚至彻底的保密都是合理的。政府和监管机构并非在所有情况下都有必要去了解所有交易。当前的系统已经定义了需要报告的交易类型。加密货币带来的是可信的在线价值交换，同时不再需要不安全、高成本、速度慢的第三方。

只要系统上有合法用户，比特币的转移和使用就可以披露，尤其是在比特币持有者想要使用比特币去购买商品或服务的情况下。考虑到比特币作为逃税的完美手段正日渐流行，这项研究以及研究作者提出的可能性正越来越重要。监管机构需要部署资源，检查网络的使用情况，确保网络的所有参与者都只将其用于合法目的。

在其他反腐败系统未能成功的领域，区块链技术要如何做出尝试？很简单，就是通过信任。正如比特币区块链已经证明的那样，区块链的主要突破就在于无须预先建立信任的分布式共识。通过部署某种零知识证明机制，区块链可以记录并向所有用户报告参与者的行为。为了鼓励用户保持良好行为，同时报告他人的良好或不良行为，我们可以给网络上的所有交易赋予价值。因此，许多分布式网络引入博弈论原理来鼓励良好行为。价值可以用通证或加密货币来呈现。通证和加密货币可被转换为法币、购买数据存储能力或区块链上的算力。为了给这些奖励或通证提供资金支持，我们可以对网络上的全部或某类交易征税。为了确保在任何区块或任何时间都不发生通证或价值的集中，为税收目的而创建的通证将用于同一区块内的奖励。对于每笔成功且可信的交易，参与者将获得信用评级，这样的评级可以随用户使用而积累。

区块链蓝图 Blockchain

在这个模型中很容易加入特殊评级,用于已经向监管机构证明了自己的身份,因此满足客户身份验证和反洗钱合规要求的用户。对于那些已经在监管机构注册或证明了自己身份的人,可以提供更高的奖励通证。通过这种方式,如果有用户没有完成客户身份验证和反洗钱认证,那么所有其他用户都会注意到这点,从而限制或完全拒绝与该参与者交易。区块链网络的运行可以由参与者提供资金,共识机制可以得到激励,这些理念是推动比特币区块链大获成功的原因。除满足监管要求之外,区块链还可以用于监督政府和政客的资金来源,甚至监督由委员会管理、用于重新选举政治领导人的银行账号。

理想中,这种针对数字领域洗钱解决方案的基础就是信任。无须预先建立信任的系统要求每个人都相信网络会按照预定义方式运行,不受任何一方的意图尤其是蓄意的不良意图的影响。加密消息可以安全通过监控,电子邮件在加密后可以经由不可信的信道安全传送。与此类似,参与者也可以完全依靠区块链的工作量证明机制。在任意时刻,账簿上的每个参与者都可以观察所有交易,交易几乎不可能被隐藏或操纵。

与此类似,由于可以要求给所有交易配上加密签名,因此密码学满足了对安全信任的需求。如果系统中的每个人都能验证加密签名,并拒绝接受没有加密签名的支付,那么就可以确保安全信任。

本章总结

区块链，破解庞氏骗局的利器

腐败腐蚀公众信任，破坏法治，并最终会导致国家政权失去合法性。行贿活动绕开法律法规，公共预算控制被非法资金流破坏，政治评论员和媒体因为行贿活动而沉默，不利于民主制度。如果由于腐败而无法向公民提供基本的公共服务，那么国家最终会失去公信力和合法性。在打击影子经济、腐败和洗钱，最终缩小税收缺口的过程中，停止大额纸币流通是关键的一步。监管机构面临的挑战在于利用区块链的力量来追踪数字交易。有授权链可以确保用户报告收入并履行纳税义务。区块链相互之间还可以实现交互，让各个机构和部门可以自动完成对交易的交叉检查。确实，使用离散的区块链来管理不同功能可以确保每个网络的规模可控，降低区块链膨胀发生的可能性。

回想一下 TelexFree 骗局，以及藏在罗沙床垫下的 2 000 万美元，我们可以看到，对信任进行评级的系统有能力迅速破解这样的庞氏骗局。庞氏骗局的基本机制是用新注入的资金来支付此前投资者的回报。这种诈骗的基础是，运营者承诺支付的款项来自股东或用户所投资业务产生的利润。如果采用透明的分布式账簿，那么所有参

区块链蓝图 Blockchain

与者都可以看到，进入项目的新资金正在被用于支付给老投资者，从而知晓项目本身并不具备能带来利润、能向参与者支付股息的成功的商业计划。随着所有的现金从这样的经济中撤出，罗沙的生意将变得一文不值。

Blockchain

06

去中心化能源交易,应对气候变化危机

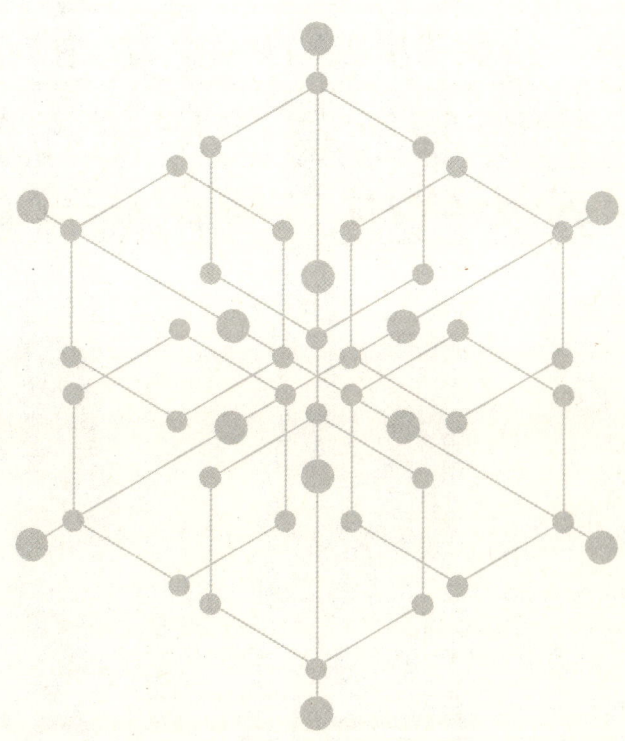

Blockchain

气候变化（Climate Change）：

全球或区域范围内气候模式的变化。从 20 世纪中后期开始，这种变化越来越明显，主要原因是使用化石燃料导致大气中二氧化碳含量上升。

06 去中心化能源交易,应对气候变化危机

2018年1月7日,澳大利亚悉尼迎来了近80年来最热的一天。在该市的大部分地区,气温都超过了47摄氏度。就在不到一年前的2017年2月11日,悉尼的气温也出现飙升,最高达到47.6摄氏度。2017年2月刚过一半,当月最高气温比平均气温高出4摄氏度。悉尼此前刚刚度过了1858年有记录以来第二热的12月以及最热的1月。与此同时,北极也在经历热浪的席卷。2017年冬季,北极气温第三次上升到0摄氏度。美国在2017年冬季也经历了不同寻常的高温。在俄克拉荷马州和得克萨斯州,气温上升到37摄氏度,创下了2月份最高气温的新纪录。

澳大利亚和美国都是发达国家。而根据2017年全球气候风险指数,受气候相关灾害事件(包括暴风雨、洪水和热浪)影响最大的国家是相对贫困的发展中国家,例如莫桑比克、多米尼加和马拉维。该报告的第12版证实,与工业化国家相比,发展中国家更多地受到气候相关灾害事件的影响。因此,与发达国家相比,发展中国家并不是气候变化的主要责任方,但受到气候变化的影响却更大。此外,这些国家通常也面临其他多方面的"恶劣"问题。

尽管某些政策制定者并不认同气候变化，但气候变化是个非常现实的"恶劣"问题。在过去的几十年中，气候变化对世界的影响已得到广泛的研究和记录。许多科学家认为，气候变化将对全球粮食供应、人类健康、全球海洋生态、生物多样性以及我们的经济体系造成不利影响。本书的目标，并不在于证明气候变化是个真实存在的问题。我们相信，全球数以千计的科学家已经提供了充足的证据，证明了气候变化的存在，而我们现在就需要展开行动。2015 年，依据《联合国气候变化框架公约》（UNFCCC）签署的《巴黎协定》（Paris Agreement）强调并确认了这个问题。该协定由 195 个国家的代表谈判达成，目标是"将全球平均气温的上升幅度控制在比工业化前水平高 2 摄氏度的范围内，随后继续努力将气温上升控制在比工业化前水平高 1.5 摄氏度的范围之内"。在本章中，我们将探讨如何运用最新技术，尤其是区块链技术，来协助应对气候变化，减少气温上升带来的影响。

气候变化不是由单一活动引起的，主要原因包括燃烧化石燃料、砍伐森林和发展农业等。气候变化并不是个容易解决的问题。数千名来自不同学科的科学家对这个问题都有自己的看法，不过他们中的大部分人都认为，气候变化确实存在。因此，我们正在面临这样一个"恶劣"问题，这个问题有许多不同利益相关方，某些时候他们的观点互相冲突，而提供的信息往往令人迷惑。此外，这个实际问题由多个相互关联的小问题组成。

尽管气候变化可能不会影响你个人，毕竟你可能会喜欢温暖的冬季，当然燃烧化石燃料也可能有利于你的生意，但我们一致同意这样的观点，即气候变化对所有

06 去中心化能源交易，应对气候变化危机

人类以及地球上的所有生物都造成了不利影响。我们对后代负有责任，我们应该尽可能地保护地球，将美好的地球传承给下一代。与此同时，保护地球、应对气候变化在经济上也能带来利益，因为气候变化也遵循着简单的经济学原理。

基本原理如下所述。每当有新技术出现时，无论是15世纪的印刷术、18世纪的蒸汽机，还是20世纪的大型计算机，最初都非常昂贵，并且大多体积庞大。随着技术进步，技术的成本开始降低，更容易使用，并得到了更多的应用（无论是好的应用还是坏的应用）。印刷术极大地改善了获取知识的方式，让教育成本更低；蒸汽机带来了能源，让各类活动更方便、更便宜、更普及；大型计算机则极大地降低了通信和信息搜索的成本。因此，技术革命往往意味着，某些重要的人类活动成本变得更低，而且能完成得更好。

气候变化以及由此推动的绿色能源革命，从本质上说是一种生产技术。因此，清洁能源生产成本的下降将带来经济转型。这种生产成本的下降意味着，使用清洁能源生产的商品和服务将变得更便宜，而清洁能源的配套产品和服务，例如能源科技的价值将大幅上升。只要清洁能源生产的价格下降，相关活动的价值上升，那么化石燃料等传统能源的价值就会下降。因此，投资清洁能源或能源技术，减少商业模式对化石燃料的依赖有着经济意义。我们已经看到，在某些国家，可再生能源的生产价格与化石燃料能源的生产价格已经基本相当。2016年，在30个国家，太阳能和风能的生产成本甚至低于新的化石燃料能源。预计在未来的10年内，全球数十个国家将实现这样

的"平价电网"。实际上,未来的 10 年,全球范围内太阳能发电的成本可能会低于煤炭发电。世界经济论坛投资者产业负责人、执行委员会成员迈克尔·德雷克斯勒(Michael Drexler)表示,"可再生能源的发展已到达拐点,目前也带来了扭转全球气候变暖的最佳机会。这不仅是有商业竞争力的选择,同时也是极具吸引力的投资机会,能带来长期、稳定、可抵御通胀的回报率"。

除了保护地球免受气候变化带来的生存威胁之外,对可再生能源的投资首次具有了经济价值。因此,我们可能会看到大量资金投入清洁能源和与能源相关的技术,而许多企业和创业公司都会开发可能从中受益的解决方案。除了传统的清洁能源解决方案之外,大数据分析、区块链和人工智能等新兴技术为组织和政府应对气候变化带来了全新的可能。

飓风"桑迪"让纽约 220 万人的生活陷入停滞

2012 年 10 月 28 日,纽约的生活陷入了停滞。纽约州州长安德鲁·科莫(Andrew Cuomo)宣布纽约州进入紧急状态。美国前总统奥巴马则对纽约州和新泽西州发布了联邦紧急状态通告。居住在这些地方的 110 万学生停学,纽约股票交易所暂停了所有场内交易,多达 37.5 万市民被疏散。此外,纽约的公交系统也在几天时间里暂停服务,而对咖啡上瘾的纽约人甚至无法买到咖啡,因为星巴克宣布所有门店将在几天时间里停业。整个纽约都在忙于备战可怕的飓风"桑迪"。

06 去中心化能源交易，应对气候变化危机

几天前，飓风"桑迪"，或称"超级风暴桑迪"，袭击了多个加勒比海岛屿，包括牙买加、海地、多米尼加共和国和波多黎各。飓风对这些岛屿造成了严重的破坏，导致许多地方断电，引发食品短缺，以及数十万人无家可归。在接下来的几天时间里，飓风强度还在上升。在到达纽约时，它已经成为有记录以来最强的大西洋飓风。随后几天，纽约遭到严重破坏，损失高达420亿美元，城市的大部分地区都出现停电。飓风总共让220万人在几周时间里失去了电力供应，下曼哈顿和纽约其他地区陷入了黑暗中。对那些突然断电的人来说，这种感觉很不真实。过了几周，电网开始恢复，但纽约付出了巨大的代价。

像纽约这样的大面积停电在任何国家或城市都是大问题，停电后恢复供电非常困难，并且需要耗费大量的时间。因此，政府和组织正在寻找新的解决方案，以防止大面积停电，同时可以在停电后更快地恢复供电。一个理想的办法是，部署由多个微电网组成的智能电网。这种智能电网将在电力供应链的各个节点上部署传感器，监控发电、配电和电力需求。运用大数据分析技术，能源公司可以预测不同地区的电力供需情况，预测可能会发生的维护工作量，从而降低因设备故障而停电的可能性。智能电网将自动匹配供需。在不久的将来，智能电网或许可以判断你的电动汽车何时需要充电（如果所有开电动汽车的通勤者在下班后都立即充电，那么将会造成电力需求的突发性高峰，引发电网故障）。智能电网在可靠性和电力成本方面能给政府、组织和消费者带来许多帮助，但由于当前能源网络的复杂性，智能电

网的开发也很困难。因此，建设微电网可能是一个比较好的切入点。微电网是一种独立的小型能源网络，在大部分情况下能提供可再生能源。微电网可以与主电网断开，所以在大面积停电时微电网仍然能继续运行。建设智能微电网比建设地区级或国家级智能电网容易得多，因为微电网通常只涉及少量的房屋和建筑物。在微电网中，个人可以利用太阳能或风能，从而实现能耗平衡，甚至生产能源，即产出的能源多于消耗的能源。在这种情况下，能源可以卖给主电网或微电网中的其他参与者。由于出售或购买能源从本质上来说是一种交易，因此区块链非常适合在无须预先建立信任的环境中确保这些点对点交易的不可篡改，可验证和可追溯。

全球首次点对点能源交易

2016年4月11日，劳伦斯·奥尔西尼（Lawrence Orsini）像往常一样出门上班。他知道，这将是完全不同的一天。这位身在纽约的创业者对能源行业有着深刻的理解，他的目标是利用最新技术变革这个传统且保守的行业。奥尔西尼是 LO3 Energy 公司的创始人。这家公司以能源和科技为中心，致力于开发工具并推进项目，加速新兴的分布式能源和计算经济的普及。在这个阳光明媚的春日，奥尔西尼前往公司，目标是创造一项世界第一。

此前几星期，奥尔西尼在纽约布鲁克林的总统街建起了一个微电网。总统街上的 10 户家庭完成了互联。这 10 户家庭位于街道两侧，每侧有 5 户。街道的一侧生产可再生

06 去中心化能源交易，应对气候变化危机

能源，独立于通用电网，而另一侧则没有安装太阳电池板，并且需要购买本地生产的能源。此次试点的目标是利用房屋屋顶上的太阳能电池板生产可再生能源，随后用区块链技术将多余能源出售给街对面的家庭。这个过程不需要主电网的参与。正如劳伦斯所说，"区块链技术在许多领域都在快速发展，但在能源市场，情况有所不同。通过在布鲁克林的微电网解决方案，我们将展示区块链在能源交易领域能做什么样的事情"。2016年4月11日，首笔付费的能源交易发生在两个人之间。当地资深的社会正义活动家埃里克·弗鲁曼（Eric Fruman）将来自屋顶太阳能电池板的多余能源卖给了能源之星前全国总监鲍勃·索切利（Bob Sauchelli）。区块链技术的运用使得微电网的参与者能准确看到谁生产或消耗了多少电力，并准确了解到何时发生了什么交易。布鲁克林的这个微电网使用以太坊区块链，通过能源交易证书来记录太阳能电力的买卖。区块链的引入使总统街的居民可以直接向自己的邻居买卖可再生能源，而不必再经过大型能源公司这样的中心化机构。然而，这个解决方案并不是直接交换电力，而是交换能源交易证书，即一定用电量的权利。正如奥尔西尼在项目启动时所说，这个解决方案没有"计费功能，系统不会出现基础设施损失或会计损失，能源和资金将造福社区。当你从社区购买能源，资金就会回到社区"。

在总统街的微电网试点项目开展后，奥尔西尼开始与西门子合作。他们将西门子开发的微电网解决方案与基于区块链的点对点交易平台结合在一起，由此开发的微电网支持当地居民使用区块链交易，

平衡本地的能源生产和消费。去中心化、分布式能源系统带来的好处在于，能在当地的不同利益相关方之间推进透明高效的交易，同时将对电网的具体要求考虑在内。因此在发生自然灾害，例如超级风暴桑迪的情况下，这些微电网相比于集中式电网有着更好的应变能力。即使主要基础设施发生故障，用户也可以保障自己的能源供应，同时可以用多余的可再生能源赚取收入。

在布鲁克林开发的微电网只是个开始，智能电网代表了能源生产和消费的未来。与传统电网相比，智能电网具备明显的优势。智能电网由数十亿个在互联网上相互影响的终端组成，包括太阳能系统、微电网、智能家电和房屋等。除了可以出售多余能源，区块链还可以通过加密技术，确保智能电网中互联设备和参与者之间的信任，优化智能电网的管理。许多创业公司正在努力开发去中心化的解决方案。英国创业公司 Electron 希望用以太坊区块链上的智能合约来开发这样的智能电网。2016 年，该公司启动了测试，使用 5 300 万个电度表连接点和 60 家能源供应商的数据在测试平台上开展试验。

Grid Singularity 公司则希望为发展中国家开发去中心化的能源管理和交易平台。通过这个平台，监管机构、运营商、投资者、交易者和消费者可以围绕智能电网展开高效合作。这家奥地利公司瞄准发展中国家市场，希望提供按使用付费的太阳能系统，其中区块链被用于验证能源交易。三星和国际商业机器公司也在研究用于智能电网的区块链解决方案。两家公司开发了一个名为 ADEPT 的平台，使用以太坊的智能合约来管理智能电网上智能家电之间的小额交易，而这些智能家电可以对不断变化的电网环境自动做出调整。这个平台结合了区块链和物联网技术，因此非常适合智能电网的需求。这样的技术结合让智能电网更稳定，拉平了能源生产与消费的高峰和低谷。

基于区块链的智能微电网可以为用户和组织带来许多帮助。在微电网中，用户可以向其他成员出售多余的能源，而不会有中介机构从中抽成。这可以极大地促使人们转向可再生能源，安装太阳能电池板或风力发电机，因为在初始投资后他们可以获得额外的回报。如果更多个人和组织转向可再生能源，并成为智能微电网的一部分，那么就可以对气候变化产生积极的影响。不过，这是个长期的解决方案，而基于区块链的智能电网远远不是区块链协助应对气候变化的唯一手段。

清洁能源科技，让能源生产去中心化和迅速数字化

任何事物在数字化之后都将遵循信息技术的指数发展规律。如果某个事物可以用 0 和 1 来表示，那么就会成为数据产品或服务，并出现类似信息技术的指数级增长。传统上，能源生产和分配是中心化的、现实世界的活动。生产化石燃料需要大公司投资数十亿美元购买设备，从海洋深处开采石油，或从地下深处开采天然气。除了现实世界的开采活动之外，能源分配通常也是中心化的，需要由有着政府背景的电网公司来完成。这些公司在全球范围内配送能源，确定能源价格，从而对世界经济产生影响。如果石油输出国组织（OPEC）决定增加或减少石油产量，那么所有人都会受影响。然而，由于新的创业公司的崛起和新的技术突破，能源生产正在从中心化转向去中心化，

同时也在迅速数字化。这些突破包括在布鲁克林开发的智能微电网，以及埃隆·马斯克开发的太阳能屋顶。这种太阳能屋顶降低了在屋顶安装太阳能电池板的成本，而马斯克的目标是使其价格降低到与传统屋顶类似的水平。因此，能源行业慢慢开始遵循类似信息技术的指数式发展规律，而清洁能源科技正在迅速改变我们生产、存储、消费和交易能源的方式。

清洁能源技术带来了许多缓解气候变化的机会，而区块链技术也可以在其中发挥重要的作用。除了采用区块链技术的智能电网之外，区块链还可以通过其他多种方式协助减少碳排放，影响碳定价，使能源数据分析成为可能，并进一步优化能源分配，建立分布式、去中心化的智能微电网。目前已有多家创业公司、多个研究项目尝试了解区块链如何推动定制化、分布式、去中心化的价值流动。如果这些项目成功，那么能源行业的各个领域都将从中受益，同时也可以为减少气候变化的影响做出积极的贡献。

无须建立信任，让能源交易自由进行

始于蒸汽机发明的工业革命彻底改变了人们的生活和工作方式。工业革命推动手工生产向机器生产转变，为人们提供了可以改善生活质量的能源，催生了新的组织设计，推动了更高效、更高质量的产品生产。工业革命引领人类进入了更繁荣的新时代。然而不幸的是，工业革命也导致了温室气体的大量排放。由于人类活动，大气中二氧化碳的浓度增加了40%，从1750年的280ppm（百万分比浓度单位）

上升到 2015 年的 400ppm。二氧化碳排放对全人类都造成不利影响。在印度排放的二氧化碳会影响美国人，在平壤的煤炭工厂同样会对南非的气候造成影响。据估计，如果未来几十年继续保持同样的温室气体排放速度，那么到 2047 年，地球的平均地表温度将超过历史最高值。最早到 2036 年，地球气温就可能上升 2 摄氏度。这进一步凸显了《巴黎协定》的重要性。我们正面对一个需要全球解决方案的国际问题，而区块链可以带来某些关键的全球解决方案。

碳排放是气候变化的重要原因之一；碳足迹（carbon footprint）是指由某个事件、组织或国家造成的温室气体排放的总量。过去几年中，全球各国政府都在努力限制温室气体排放。因此，碳定价应运而生。换句话说，如果想要向大气排放 1 吨二氧化碳，那么就必须支付一定数额的费用。如果某个组织还剩余很多碳排放额度，或者某个国家需要排放的二氧化碳超过了许可的水平，那么这些权益就可以交易。然而，由于此类活动发生在国际市场，整个系统也面临重大的挑战。因此，税务方案、欺诈、犯罪、汇率波动和交易成本等因素会影响碳信用额的交易是否成功。全球碳交易市场持续增长，2015 年总价值增长了 9%，达到 526 亿美元。除此之外，2015 年，买家自愿交易的二氧化碳当量（$MtCO_2e$）总计 8 410 万吨，较 2014 年增长了 10%。这种持续的增长以及全球碳交易市场面对的挑战，意味着我们需要全新方法来处理碳信用额交易。区块链是改善这个系统的理想技术。区块链可以缩短交易结算时间（因为任何能访问区块链的人都可以立刻获得最新记录）；利用区块链上交易的可验证、可追溯特性，效率和透明度可以得到提升（目前碳排放交易的透明度很不理想）；区块链可以让碳交易的成本大幅降低；而由于交易不可篡改，并且可以引入智能合约进行管理，碳信用额交易中的欺诈活动可以杜绝。由于智能合约的代码容易阅读、容易理解，因此智能合约的引入可以将很大部分交易流程自动化，同时消除在税务和司法方面的不确定性。

在全球范围内，多个项目都在探索基于区块链的碳信用额交易平台的可行性。在俄罗斯，AiraLab 和微软俄罗斯公司展开合作，开发了基于以太坊的交易平台。这个分布式交易平台的目标是让私营公司之间可以交易碳信用额，并将交易记录至区块链。2016 年，这个平台完成了首笔碳信用额的测试交易，价值 12 万美元。

2016 年，国际商业机器公司与北京能源区块链实验室达成合作，开发了中国首个碳交易区块链平台。到 2020 年，预计全球碳交易市场的规模将增长至 3.5 万亿美元，而中国将成为全球最大的碳交易市场。这样做的目的是提高开发和管理碳资产的效率，并减少碳排放。此外，在区块链上记录碳资产有助于提高透明度，确保交易的有效性，同时在短短几分钟内完成结算。

不过，碳信用额并不是在区块链上唯一可交易的东西。正如我们在布鲁克林微电网的案例中所见的那样，任何与能源相关的交易都可以记录至区块链，同时实现不可篡改、可验证、可追溯。多家创业公司正在开发点对点的可再生能源交易平台，促进可再生能源的使用。总部位于澳大利亚珀斯的 Power Ledger 就在开发这样的平台，让用户彼此之间可以直接买卖或交换额外的可再生电力。这个平台通过加密货币来实现。这里的加密货币是一种可交易的数字资产，代表着一定的能源生产，并且支持在区块链上出售给他人，同时防止多次消费，确保交易有效。通过这种方式，区块链让 Power Ledger 可以提供透明、可审计、自动化的市场平台，在几分钟内完成用户间交易的结算和清算，而不再需要某个可信的中心化第三方，例如为收费提供服务的能源公司。这个平台的目标是在能源消费和生产过程中帮助用户。Power Ledger 联合创始人及董事长、西澳大利亚州著名的清洁科技支持者杰玛·格林（Jemma Green）认为，"消费者希望成为'专业消费者'和公用事业公民，这种技术可以帮助他们实现这样的理想"。

使用基于区块链的能源交易平台，能源交易者之间不再需要预先建立信任，而彼此不认识的人之间也可以顺利地完成能源交易。为了让消费者可以参与能源交易平台，他们首先需要安装连接至标准数字电表的硬件。其中的传感器可以追踪能源的生产、购买或出售，将这些信息通证化，进而将这些通证变现为法币或数字货币。然而，点对点的能源交易仍会遇到一些法律挑战。许多能源公司不希望给用户如此大的权力，让能源生产和分配走向去中心化。尽管存在这些挑战，Power Ledger 仍在稳步扩大点对点能源交易的试点，同时在新西兰奥克兰和澳大利亚弗里曼特尔开展新的点对点能源交易试点。幸运的是，政府正倾向于放开对点对点能源交易的监管。例如，新南威尔士州政府正在推动可再生能源屋顶交易方案，让个人可以与本地社区的其他人或企业交易太阳能。如果家庭用户变成微型发电机和电力零售商，那么所有人需要承担的成本都会降低，可再生能源将得到更多的使用。这对个人和地球环境来说是一种双赢。

物联网，实时优化能源消费、需求和分配

　　点对点交易平台的一大特点就是可以产生大数据。为了实现能源交易，我们需要用智能仪表盘来监控能源的生产、储存和交易情况。数据储存在区块链上，通过对这些数据的分析可以优化微电网中的能源分配。更高效的能源分配网络可以降低能源损耗，降低能源消费。传统能源消费的减少将对二氧化碳的排放产生积极的影响，尤其考虑到我们至少需要几十年时间才能完全转向可再生能源。因此，为了获得关于能源消费的深入洞察，我们需要借助物联网的力量。物联网是由互联网相互连接的设备组成的分布式网络。这些互联设备相互通信，了解对方的需求，并相应地调整自身行为。在我们深入探讨能源数据分析带来的帮助之前，让我们首先简单讨论一下物联网及其对能源消费的影响。

　　未来几年，我们家庭中的智能设备数量可能会大幅增加。根据国际知名市场研究公司 Gartner 的预测，到 2022 年，一个普通家庭可能会拥有超过 500 台智能设备。传感器成本的下降，以及即将推出的许多家居自动化平台，都将推动这方面的增长。不过，这仅仅只是开始。另一家市场研究公司 IDC 预计，2020 年物联网市场的规模将增长到 3 万亿美元。思科公司则认为，物联网能带来 19 万亿美元的市场机会。物联网之所以成为热门话题，被寄予厚望，是因为所需的云计算基础设施易于获得，容易扩展，且成本很低。每年，物联网传感器的尺寸都在变得更小，性能变得更出色，价格变得更便宜。所有物联网公司都声称，物联网将会让我们生活中的所有一切都变得更"智能"，让生活更简单。未来几年，由于互联网的快速发展以及其他多

方面的原因，物联网预计将出现大幅增长。随着 4G 网络在多数发达国家的部署，以及 5G 网络的试点启动，物联网将获得实时传输上万亿条消息所需的底层网络。

因此可以说，我们正处于全新互联世界的边缘。在这个世界中，数十亿，甚至数万亿台设备实时连接至互联网，并相互连接在一起。这样的互联世界将改变组织的管理方式、创新方式以及客户互动方式。物联网将极大地改变我们所知的创新，并明显影响我们的能源消费。一旦你的家中出现几十台甚至上百台智能设备，那么就有可能通过智能电表来优化它们的能耗。智能电表每 15 分钟或每小时监测一次能耗情况。在不久的未来，智能电表将可以实时监控房屋里每台机器的能源消费，并提供使用建议，例如根据实时的能耗需求、预测和奖励，为洗衣机设定最佳工作时间。

当然，物联网不仅可以产生智能家居，还能产生智能办公室、智能制造，甚至构建出智慧城市。位于荷兰阿姆斯特丹的德勤新总部被评为 2016 年全球最环保的办公大楼。这座建筑名为 Edge，部署了 2.8 万个传感器，能实时监控各类信息，同时每天生成几吉字节的数据。在此基础上，大楼可以根据楼内员工人数和天气情况自动调节，大幅降低了办公室的能耗。距离首尔大约 64 千米的韩国松岛新城在此基础上又向前再迈进一步。这是一座从头开始建设、完全互联的城市，全面接入了智能电网。在这座城市里，几乎所有设备、建筑和道路都将配备无线传感器和微型芯片，生成大量数据，以降低城市的能耗。

区块链蓝图 Blockchain

由于物联网的发展，未来我们将看到更多的智能家庭、智能办公室和智慧城市，能耗也将大幅降低。一旦数百台智能设备连接到智能电表，接入智能电网，那么实时优化能源消费、需求和分配就会成为可能。对大量能源数据的分析将帮助大学、气象组织和金融机构获得关于能源消费的深入洞察，协助开发新应用，降低能耗。此外，我们还有可能将智能电网连接至区块链平台，在通证或加密货币的帮助下，让互联设备通过智能合约自动进行交易。例如，一台互联设备在使用加密货币执行某项活动时，可以自动为少量能耗付款。未来，由互联设备进行的数据分析可以通过小额交易自动出售给任何感兴趣的人，设备将相应地获得收入，用于支付所消耗的能源。利用智能合约，所有一切都可以自动、实时完成，所有交易都将被记录至区块链。价格差异将激励互联设备使用可再生能源，而非传统能源。将物联网、清洁能源技术和区块链结合在一起，人类和互联设备使用电力及其付费的方式将彻底改变。

芬兰能源公司 Fortrum 开发了一项区块链解决方案，让消费者可以通过互联网控制互联设备。互联家居环境中的消费者使用 Fortrum 的服务优化房屋内供暖，更好地了解供暖的耗电。Fortrum 提供的仪表板展示实时能耗，并结合天气预报和实时电价来自动优化供暖效果，在价格较低时加大供暖，在价格较高时限制供暖。区块链和智能合约被用于推广可再生能源；同时，由于区块链通过加密货币支持小额交易，因此相对于法定货币也可以更好地响应互联设备较小的用电量。

06 去中心化能源交易，应对气候变化危机

南非公司 BankyMoon 针对非洲特有的问题开发了典型的非洲式解决方案。在南非，许多人在用完电之后支付电费，就像全球许多其他国家一样。然而在南非，许多中间商参与到能源计费的过程，从而导致价格被人为抬高了。因此，南非的许多人在缴电费时遇到了困难，而能源公司也蒙受了损失。为此，BankyMoon 开发了一种预付费解决方案，用户可以为自己的能源使用预付费。然而，由于大部分非洲人没有银行账户，同时支付现金的成本很高，因此 BankyMoon 选择了预付费的区块链智能电表。用户将比特币充值到智能电表的比特币钱包，获得能源使用额度。最终，这样的解决方案将帮助非洲人更清楚自己的能源消费情况，从长远来看也有助于降低他们的能源消费。尽管这个解决方案的部署规模不大（毕竟，拥有银行账户、使用现金的人比使用比特币的人多很多），但也体现了区块链和能源科技在发达国家的潜力。

ElectriCChain 是另一家致力于将区块链与物联网和可再生能源结合起来的能源科技创业公司。该公司启动了开放的太阳能发电数据项目，最初的重点是验证和发布来自全球 700 万台太阳能发电机的数据，以及建设开放的区块链系统。ElectriCChain 使用加密货币 SolarCoin 来激励太阳能发电。2017 年 2 月，SolarCoin 的市值达到 90 亿美元，成为全球最大的社区性太阳能发电回报项目。SolarCoin 给任何从事太阳能发电的人提供回报，每 1 兆瓦时太阳能发电相当于 1 美元 SolarCoin。任何经过验证的太阳能发电者都可以免费获得 SolarCoin，而 99% 的 SolarCoin 将在未来 40 年里分配给 97 500 太瓦时的发电量。互联太阳能装置提供的数据让 ElectriCChain 可以为用户提供廉价的清洁能源。ElectriCChain 的目标是收集与太阳能有

关的非机密能源数据,建立由全球数百万台太阳能装置组成的网络。2017 年,已有 700 万台太阳能装置接入该公司的区块链,而目标是在 15～25 年内增加到 2 亿台。

去中心化能源的未来

在优化和改善能源行业的过程中,区块链是一大机遇。清洁能源科技创业公司正在开发新的解决方案和应用,重点是发展可再生能源,减少碳排放,开发智能电网。通过用密码学来确保信任,同时用加密货币来完成交易,区块链可以帮这些创业公司提供可靠、高效的去中心化解决方案。区块链可以以可信、可靠的方式促进可再生能源的生产、使用和交换,因此很适合用于应对气候变化。不过需要指出的是,区块链也会消耗大量能源,尤其是基于工作量证明共识机制的比特币区块链。工作量证明所需的数学计算需要消耗大量算力和能源。但其他共识机制,例如权益证明,所需的算力和能耗明显较小,因此许多创业公司正致力于这种更环保的共识机制。最终,区块链在能源领域的应用或许会培育出虚拟发电厂(VPP)。虚拟发电厂可以独立生产能源,并通过物联网连接至智能电网。这些可再生能源装置在地理上是分散的,不像传统发电厂那样集中在某个位置。虚拟发电厂将物联网、大数据分析和区块链等技术结合起来,形成了未来的发电厂。去中心化、分布式的发电厂与传统发电厂相比具备明显优势,例如在发生自然灾害的情况下,前者的灵活性明显更好。如果某个节点受到飓风影响退出分布式网络,也不会影响其他微电网的继续运行,而其他微电网将承担起受影响地区的能源分配。除此之外,针对整个电网中能源的生产、分配和使用，智能合约用加密货币完成公平、即时的支付。个人和组织也可以交易他们生产的多余能源，从而获得额外收入。区块链将防止欺诈活动，同时在不同利益相关方之间确保能源使用的透明，因为所有能源交易数据都将记录在私有的区块链上，不可篡改、可验证、可追溯。对可再生能源生产、分配和使用的深入洞察将帮助虚拟发电厂平抑能源需求，避免用电的突发性高峰，例如一天下班后所有人都将自己的电动汽车接入电网充电。此外，智能家庭、办公室或城市可以基于实时能源定价来优化能源消费，从而降低能耗，节约电费。

能源的未来是去中心化的、分布式的。一旦个人和组织有能力自行生产、使用和分配可再生能源，人类就可以大大减少对化石燃料的需求。因此，政府应该鼓励发展只生产可再生能源的虚拟发电厂。微电网试点项目是很好的起点，但未来仍有很长的路要走。

本章总结

将地球以良好的秩序交给下一代

气候变化是个真正的"恶劣"问题，无论我们身处地球的什么地方都可能对我们的生活造成重大的影响。由于过去 10 年里化石燃料不加节制的使用，以及许多国家政府最初不愿面对这个问题，我们目前不得不面对一个亟待整理的烂摊子。出于对后代的义务，我们必须这样做，将地球以良好的秩序交给下一代。无论我们之间有什么不同，持有什么样的不同观点，个人是否受到气候变化的影响，我们都只有一个地球，保护地球是我们的义务。我们能够也应该在解决气候变化方面尽自己的一分力量。

基于区块链、智能合约、物联网和大数据分析的分布式、去中心化解决方案为我们赢得这场挑战创造了机会，但我们需要大量的投资才能百分之百地转向可再生能源，并建立起智能微电网。幸运的是，由于技术进步，清洁能源科技已经开始遵循标准的经济学原理。目前投资清洁能源比投资传统有污染的能源更有利可图。一旦投资者看到赚钱的可能性，我们就迈出了成功的第一步。

所以，你能帮上什么忙？能做什么？那就是，加入智能电网行动，实现能耗平衡甚至生产能源，这样你就可以获得回报。加入类似 SolarCoin 这样的创业公司，通过做正确的事去创造真正的收入。把你的高油耗汽车换成电动汽车，使用智能而安全的设备来营造更

06 去中心化能源交易，应对气候变化危机

节能的智能家居环境，并在区块链上交易多余的可再生能源，从而获得额外收入。我们都可以也都应该做好自己的事情。即使是那些不相信气候变化的人，我们也可以告诉他们应该参与的理由：这样做能够赚到钱。

解决气候变化问题无疑是一笔好生意。

Blockchain

07

智能合约，
使供应链更公平地分配财富

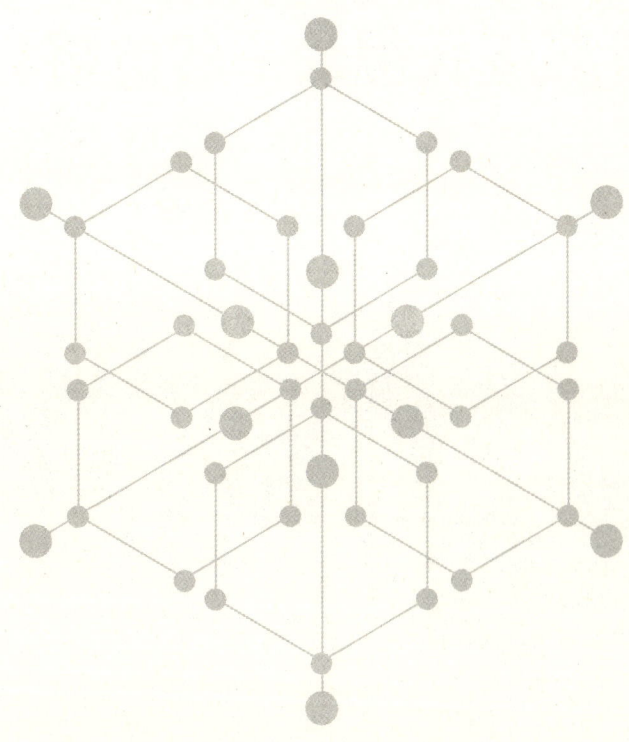

Blockchain

公平贸易（Fair Trade）：

<u>在发达国家企业与发展中国家生产者之间的交易中，生产者应该获得公平的价格。</u>

以区块链认识贸易公平性

区块链可以使贸易更公平。"公平贸易"意味着确保生产者获得公平的报酬,在安全、人道的条件下工作,并保证消费者所购买的商品的来源和质量。这些要求与社会责任相关。出于这样的目的,本章将重点讨论农产品和矿产品贸易。关于区块链如何解决贸易中的其他"恶劣"问题,一部分可以参见本书的其他章节,另一部分可以通过类比来得出结论。

公平贸易是买卖商品的一种方式,旨在确保生产者获得公平的价格。公平贸易可以帮助发展中国家的贫困农民提高生活水平。公平贸易最重要的是稳定的价格、体面的劳动条件以及保障全世界的工农权益。

公平贸易与道德伦理的关系非常紧密。在本书关于公平贸易的讨论中,我们参考了联合国在人权背景下对道德的定义。哈佛大学教授约翰·鲁吉(John Ruggie)在经过6年研究后制定出了《联合国商业和人权原则》。这份文件基于在20多个国家的47次磋商和实地访问，调研了政府、企业、商业协会、民间协会和投资者。慈善机构乐施会认为，这些原则在全球范围内，在商业和人权领域提供了权威参考，确保政府和企业在商业领域共同承担起保护人权的责任，以及让贸易活动符合道德伦理。为确保这些权利在全球各地得到承认和维护，联合国开展了一系列工作，其中大部分工作都是通过国际劳工组织（ILO）来执行的。

成立于1919年的国际劳工组织致力于提高全球劳动者的生活水平。在过去的100年中，该组织着重解决的问题包括劳动时间过长、失业、最低就业年龄限制以及女性劳动权利等。对于参与食品和其他消费品生产的所有人，公平贸易希望确保联合国和国际劳工组织制定的劳动条件标准能成为他们可以享受的基本劳动条件。

不公平的公平贸易

发达国家和发展中国家之间的权利失衡是个不太容易解释的问题，但可以简单地用经济发展曲线来描述。当某个国家遭遇战争、饥荒或干旱，或者资源耗尽但成果却没有惠及该国公民时，那么就会出现贫困和不安全的问题。这些处于弱势中的人口很容易遭受剥削：他们的需求是基本而直接的。同时在发达国家，企业和大型组织的商业模式倾向于激励那些能带来盈利的人。利润是为了满足股东的要求。如果能为组织谋取巨额利润，那么跨国公司高管每年能拿到的回报会高达数百万美元。这样的商业模式促使企业对生产者和服务提供商施

07 智能合约，使供应链更公平地分配财富

加压力，要求他们接受最低的价格。无论是在尼日利亚采购咖啡豆，还是在越南生产鞋履，企业往往专注于为富有的老板、高管和股东提供更高的回报，而不会想要在整条供应链中公平地分配利润。实际上，供应商与管理商品经销和营销的企业之间关系很脆弱。有时，公平贸易也被批评为不公平，只为富人服务。但更多人则认为，公平的市场可以惠及所有人。

2017年1月，世界经济论坛报告称，不平等和社会两极分化加剧是当年全球经济面临的两大风险。国际知名的发展与救援组织联盟乐施会表示，全球最贫穷的50%人口拥有的资产与排名前8位的富豪资产之和相当，为4260亿美元。这8位富豪分别是比尔·盖茨、快时尚品牌ZARA创始人阿曼西奥·奥尔特加（Amancio Ortega）、知名投资人及伯克希尔·哈撒韦公司首席执行官沃伦·巴菲特、墨西哥电信大亨卡洛斯·斯利姆·埃卢（Carlos Slim Helu）、亚马逊创始人杰夫·贝佐斯、Facebook创始人马克·扎克伯格、甲骨文首席执行官拉里·埃里森与纽约前市长、彭博社创始人迈克尔·布隆伯格。

乐施会的数据显示，2015年，全球最富有的62位亿万富翁的财富总和与全球一半人口拥有的财富相当；但到了2017年，这个数字下降到8个。最新信息显示，印度的贫困现象比此前想象的更严重。因此以持有财富计算，全球相对贫困的一半人口情况更糟糕，贫富差距还在不断拉大。与此同时，世界经济论坛报告称，该组织的研究显示，2008—2013年，26个发达国家的收入中位数平均下降了2.4%。全球

范围内，在相对贫困的半数人口中，绝大多数人需要面对每天如何谋生的困境，而他们中的70%都生活在低收入国家。这种贫富差距拉大是在国家和经济体内部及之间造成不和谐的原因之一。

更自由的市场 VS. 更公平的市场

在相对自由的市场中，市场的所有一切都是由供需关系驱动的。任何商品的生产者都会因为自己的技能和劳动而获得相称的奖励，无论身处世界的哪个地方。然而，现实情况并非如此。有许多力量在发挥作用，阻碍这种开放和自由的市场。这些力量的控制者就是国家。在典型的情况下，保护主义者可以干预过程的两端，从而控制生产、供应、需求和消费价格，具体方式包括直接对商品和服务征税或补贴，监管商品和服务的使用，以及构建国内市场。然而，"更自由"的市场和"更公平"的市场两种观念间存在矛盾。消除影响全球市场的各种保护主义行为，不一定就能带来经济公平。

咖啡、糖、可可等食品主导着公平贸易市场。作为销售规模最大的认证产品，公平贸易咖啡在整个咖啡零售市场的占比略高于3%，在精品咖啡市场的占比接近20%。精品咖啡属于美国咖啡市场增长最快的细分领域。

> 美国的普通大众对公平贸易的感知主要来自钻石市场。这或许是由于西方对钻石非常痴迷，而这样的痴迷往往伴随着消极因素。这与咖啡、糖和巧克力有所不同。

在许多非洲国家，每天在钻石矿工作的矿工和其他劳动者都面临着危险而恶劣的劳动条件。在全球范围内，钻石开采工作往往伴随着对劳动者、儿童和本地社区的剥削。在非洲，有100万钻石矿工人日均收入不到1美元。很多矿工死于事故；使用童工的做法普遍存在；在依靠钻石开采业务的地区，腐败的领导者们侵吞着当地社区经济发展的资金。很多时候，全球的钻石矿不仅生产钻石，而且还是培育内战、暴力、剥削、环境退化和其他问题的温室。

"大赦国际"报告称，370万人在钻石开采和随之而来的冲突中丧生。这个行业的规模达到数十亿美元，但大部分的钻石生产和贸易掌握在军阀和反政府武装手中。他们从钻石销售中获利，而代价则是从事采矿的本地社区陷入贫困。

实现公平贸易的三大关键

公平贸易是经济、商业和社区可持续发展的关键工具，也是一种有助于建立长期合作和公平伙伴关系的商业运行模式。

公平贸易运动在过去几年中取得了长足的进步。目前，消费者，尤其是发达国家的消费者会期望，可选择的商品是在公平贸易条件下生产的。驱动消费者这样做的原因在于，他们关心商品生产的道德伦理，并且愿意因为这一理念为商品支付额外的费用。这是一种社会良知的体现。近年的一项调查在比利时采访了 808 人,试图了解他们对公平贸易咖啡的支付意愿。结果显示,对于带公平贸易标签的咖啡,消费者愿意支付的价格比平均水平高 10%,其中有 10% 的受访者甚至愿意比当前价格多付 27%。

一般来说,有道德感的消费者会认为自己应该承担社会责任,并通过购物活动来表达这一态度。有道德感的消费包括两大类行为:一方面因为产品的生产方式符合道德伦理而选择购买,另一方面因为生产方式不道德而拒绝购买。在做选择时考虑的道德伦理因素包括:劳动条件、劳动福利、环境和财富分配(尤其是在战乱地区和冲突爆发时期,包括与血钻相关的问题等)。例如,消费者可能拒绝购买任何已被曝光由童工生产的产品。这方面最常见的例子包括抵制剥削童工的公司,以及将次品卖给贫困群体的公司。

贸易中出现的三大主要问题可能会导致不公平和财务问题。

- 第一,我们要确保各类商品的生产者在付出自己的技能、资源和时间之后,能及时地获得公平的报酬。
- 第二,在生产过程中,劳动者的劳动条件应当符合国际劳工组织规定的最低标准。
- 第三,消费者应该可以相信购买的商品符合这些标准,为购买商品支付的费用将奖励或惠及为产品生产做出贡献的所有人。

支付公平的价格

在大宗商品市场上,公平贸易价格被定义为进口商需要向咖啡和香蕉等农产品生产者支付的最低价格。这是必须支付的底价,与市场行情的波动无关。

当大宗商品的市场价格高于这个底价时,买方支付市场价格;而如果市场价格低于公平贸易价格,那么买方必须按照公平贸易价格向生产者付款。

公平贸易价格起到了安全保障的作用,降低了农民参与市场的风险,有利于改善他们的生活条件。公平贸易价格政策在公平贸易标准下制定。这些标准规定,如果价格太低,无法保障生产者的生活,那么按照市场价向发展中国家生产者付款就是不公平的,也无法帮助他们收回生产成本。

只要交易价格高于公平贸易价格,那么贸易商和生产者就可以根据商品的质量和其他属性就价格进行谈判。公平贸易价格特别关注从发展中国家进口的商品,包括咖啡、手工艺品、可可、香蕉、糖、茶叶、酒、新鲜水果、巧克力和鲜花等。

标准和认证,支撑公平贸易的主要工具

到目前为止,支撑公平贸易的主要工具是制定各种标准和认证。

通过发展供应链，促进生产者与国际市场的联系，公平贸易可以让农民和工人受益。小规模农民和工人生产者是全球最边缘化的群体之一，而公平贸易可以帮助他们摆脱贫困，维持良好的生活水平。对于某些产品，例如咖啡、可可和棉花，只有生产者是小规模生产的农民才能获得公平贸易认证。通过与小规模农民生产者的民主组织合作，在农村地区创造收入稳定性，就可以让这些生产者有能力规划自己的未来，投资发展自己的组织。

对于香蕉和茶叶等产品，公平贸易可以对种植园（在大块土地上雇用大量劳动者进行生产的公司）进行认证。大规模生产的标准与小规模农民组织不同，重点是保护劳动者的基本权利，包括确保他们的安全和健康，允许他们自由结社和集体谈判，防止歧视，以及确保消除非法担保和使用童工等现象。公平贸易标准还要求雇主支付符合最低工资标准的薪酬。

目前，已有许多组织专注于支持和促进公平贸易。FINE 是一家由 4 个公平贸易网络组成的团体，成员包括公平贸易标签组织、国际公平贸易协会（目前更名为"世界公平贸易组织"）、欧洲世界商店网络以及欧洲公平贸易协会。FINE 的目标是推动这些网络及其成员在以下方面展开合作：

- 在协调一致的情况下，为公平贸易制定核心标准和规则。
- 优化并加强公平贸易监测系统的质量和效率。
- 宣传和推广公平贸易，优化相关信息和传播体系。

07 智能合约，使供应链更公平地分配财富

FINE 的成员已达成一致的战略意图，并明确目标：

- 有意识地与被边缘化的生产者和劳动者合作，帮助他们摆脱弱势群体地位，实现经济安全和自给自足。
- 帮助生产者和劳动者，让他们成为自己组织中的利益相关方。
- 在国际舞台上积极发挥更广泛的作用，推动国际贸易实现更好的公平性。

国际公平贸易标签组织监测公平贸易的最低价格，并根据平均生产成本、劳动条件，以及其他经济因素调整最低价格。以公平贸易价格出售的产品必须遵循国际公平贸易标签组织认证过程提出的标准，并且通常会以更高的价格出售。这些产品被打上公平贸易标签，表明产品的生产和交易符合这些标准。

尽管公平贸易行动的出发点很好，支持者也众多，但 2014 年英国消费的公平贸易认证产品仍然下降了 4%，自 2004 年以来首次出现下降。这是为什么呢？分析人士指出了两方面的原因：一是不参与公平贸易市场的廉价超市越来越受欢迎；二是道德标签的兴起。道德标签运动与公平贸易存在直接竞争，损害了公平贸易的品牌形象。这项运动的目标是在市场上为消费者提供关于农产品种植和运输方式的更多选择。在符合道德伦理的消费市场上，公平贸易是认可度最广泛的标签，因此很难想象会出现其他运动试图颠覆其地位。不过，对公平贸易的批评也在驱动新的道德标签运动。最近，第三方检查了取得"公平贸易"认证的生产者，结果显示工资和劳动条件存在分配不均

的情况。有些人认为，公平贸易的产品并不总是提供最好的质量，这说明相关认证名不副实。

无法兑现的最初的承诺

尽管出于善意，但公平贸易被认为是另一种控制机制。针对公平贸易倡导者提出的观点，相对应的是呼吁提高透明度，确保公平贸易框架的预期受益者，即在发展中国家或贫穷国家为富裕消费者生产或提供商品和服务的群体，能够因此得到回报。

为了打消公平贸易运动无法兑现最初承诺的担忧，个体贸易商、零售商和消费者正在寻找与生产者对接的方式，确保生产者可以获得回报，同时更好地控制产品的质量。消费者希望与生产者建立更紧密的联系。他们希望证明，公平贸易标签附带的承诺能够兑现。

除了公平贸易品牌遭受的这类压力之外，怀疑者也认为，公平贸易和其他附带道德标签的产品只是企业的低成本公关手段，并强调这类产品在目前的零售销售中所占比例非常小。

及时与全面地看到交易活动的全貌

区块链可以传递信息，记录权限和活动日志，从而在企业之间与国家之间追踪商品和服务的流动。这种分布式系统的基本优势之一在

07 智能合约，使供应链更公平地分配财富

于，它解决了利益不一致的个人与机构之间信息披露和责任认定的问题。对双方都重要的数据可以实时更新，因此双方内部都不必再去完成耗时费力、容易出错的记录更新工作。这种系统让网络中的每个成员都可以更及时、更全面地看到交易活动的全貌。

区块链可以从供应链收集信息，并在销售终端分享给消费者。关于食品的源头和成分，以及新鲜食品的运输和冷藏时间，区块链可以用安全、实时的数据来给予证明。通过将这些信息数字化，并添加至机器可读取的标签，消费者就可以了解所购买食品的更多信息。

沃尔玛正在探索使用区块链技术，以不可删除的方式记录一系列交易，展示肉类商品如何在商业网络中流动，从生产商到加工商，到分销商，再到超市，最终进入消费者的手中。2016年10月，澳大利亚联邦银行宣布，该银行联合富国银行和布里汉恩棉花公司，利用区块链和智能合约技术成功完成了两家独立银行之间的首笔全球贸易交易。这笔交易涉及从美国得克萨斯州运往中国青岛的一批棉花。澳大利亚联邦银行表示，在成功完成这笔交易之后，该银行和富国银行将继续与贸易融资客户、金融机构、金融科技公司和其他金融科技团体，以及保险业和航运业合作，确保全球贸易生态的技术发展能惠及其客户。

区块链蓝图　Blockchain

溯源验证，实现对材料与产品的追踪

　　溯源指的是确认某物的源发地或可知的最早历史。对公平贸易而言，产地非常重要，因为某些农产品和自然资源会因为产地的位置，以及种植或开采的方式而导致固有的质量或敏感性。通过实时记录产品来源的关键数据，并以透明、可审核的方式公开报告，区块链技术可以实现材料和产品的溯源。对火腿、钻石、葡萄酒、咖啡豆和纺织品的在线追踪意味着销售者可以向消费者保证，在产品包装和广告中所做的宣传是有切实依据的，而消费者在购买产品时可以通过手机应用等方式进行实时查询。

交易的验证和监控

　　目前，消费者验证产品的主要方法是通过标签和认证。对公平贸易进行认证非常复杂，审核机制耗时费力，因此容易受到人为操纵。然而，区块链技术可以透明、实时地追踪这些信息。

　　大型银行、信用卡公司和支付服务提供商正在研究用类似比特币的系统来探索区块链技术的可能性。除此之外，政府和监管机构也注意到了区块链在监控交易方面的潜力。

　　代码创新和比特币技术应用的拓展可能带来风险，但哈佛大学法学院教授劳伦斯·莱希格（Lawrence Lessig）认为，区块链技术是"自互联网诞生之后，基础架构方面最重要的创新"，有可能"绕开腐败，绕开欺诈，提高效率，带来更多的自由"。为了解决伴随区块链技术进一步发展而出现的新的法律问题，律师也必须面对新挑战和新机遇。

确保及时付款

对于贸易中的财务公平，智能合约的应用可以发挥重要的作用。研究表明，发展中国家的农民在销售商品时往往被迫接受较低的价格和付款的拖延。智能合约可以确保供应商和经销商在供应和分销时及时付款。智能合约内部的复杂性和有条件的逻辑关系可以用于管理可变数据，例如所有用户达成共识的付款金额、何时支付和收款方信息等。

2016 年 12 月，澳大利亚科技创业公司 AgriDigital 完成了全球首笔基于区块链的大宗农商品结算。云端交易平台让粮食种植者、购买者和批发商可以在同一个地方管理合同、交付、发票、付款和库存。在这笔标志性的交易中，来自新南威尔士州吉里附近惠洛克牧场的种植者戴维·惠洛克（David Whillock）向总部位于杜博、由肉制品行业颠覆者罗杰·弗莱彻（Roger Fletcher）经营的弗莱彻国际出口公司交付了 23 吨小麦。

为确保试验顺利，AgriDigital 在交易中扮演了多种角色，包括运营者、购买者和监管者。这为未来可能出现的生态提供了示范。这个试点系统收集了 23.46 吨小麦销售的实时数据。在试验中，区块链系统在粮食交付后提供了安全快速的付款。

AgriDigital 的智能合约通过以下方式自动执行结算：

- 评估交付价值。
- 验证买方有充足资金支付给种植者。
- 以种植者的名义确认资金。
- 验证交付情况。
- 转让所有权，同时用已确认资金向种植者付款

作为农场主和惠洛克乡村公司的负责人，戴维·惠洛克表示，管理这笔交易的智能合约帮助他维持现金流，让他更有信心地管理自己的生意。AgriDigital 团队则表示，澳大利亚的粮食种植者目前通常需要等 2～5 星期才能获得付款，实时付款将给农民的财务稳定性和确定性带来重要的帮助。目前该公司正在探索区块链技术在澳大利亚畜牧业、加拿大粮食业以及欧洲的所有权和溯源方面的应用。

区块链的关键特性之一在于，交易可被所有参与者审核，包括交易对手、政府部门和监管机构。任何确定性系统都可以验证和审核系统内的操作是否正确。实际上，系统的输入和输出充当了各类交互的记录，例如自动化的银行转账或从库存控制系统订购额外零部件。在传统系统中，如果想要维护所有相关数据，那么付出的成本非常高，甚至不切实际。业务系统的输入通常包括各种来源的各类数据，对这些数据的审核本身就存在技术挑战。此外，这样的审核可能需要操作

07 智能合约，使供应链更公平地分配财富

者具备丰富的经验，并且身份必须得到确认，这在多方参与的系统中经常是问题多多。

公有链从设计上就可以保证对网络上的所有成员完全透明。每个单独的操作或交互，例如录入新员工信息或记录库存发放，可以被完美地记录和存档。与此同时，由于使用通证化技术，隐私也可以得到保障。由于用户可以查阅以往全部操作，对现状建立起正确的模型，因此区块链上的审核工作与加入区块链一样简单。

区块链蓝图 Blockchain

本章总结

确保在供应链上公平地分配财富

区块链可以像任何数据系统一样工作。区块链接受输入数据，并根据输入数据执行操作，根据预设的程序以百分之百确定的方式更新数据库。这些步骤在供应链和公平贸易认证中至关重要。

公平贸易不仅仅与生产者有关，其意义还在于确保整个供应链的可持续发展。一线生产者需要获得足够的报酬才能建立起可持续的业务。为了实现可追溯，公平贸易要求独立的第三方认证，对包括农民、出口商、贸易商、制造商和消费者在内的供应链全流程进行强有力而透明的审核。区块链技术可以确保信息追溯和支付的透明、安全和及时。

在生产者和消费者之间，供应链有众多的组成元素和参与方，因此确保在供应链上公平地分配财富，在过程中及时付款至关重要。到目前为止，实现这个目标很困难，因为价格通常要在流程结束时才能确定，而在财务方面最脆弱的群体需要承担最艰苦的工作，并在供应链起点承担最大的风险。区块链技术可以优化贸易的所有参与者，包括终端消费者的体验。区块链使购买者、接收者可以追踪货物流动和交换信息。与此同时，包括历史、运输情况、发生事件和所有权在内的各种信息都可以用于验证真实性。

07 智能合约，使供应链更公平地分配财富

公平贸易不仅保证消费者可以信任商品的来源和质量，以及生产和供应过程中人际互动的背景，还可以确保同工同酬。通过向网络报告已支付款项，以及其中有多少支付给商品生产者或劳动者，智能合约就能保障支付系统的完整性。同工同酬被联合国视为一种人权。公平贸易是联合国 17 项可持续发展目标之一，区块链服务交易审核和交易自动化的能力将在这个目标的实现过程中发挥重要的作用。

Blockchain

08

流动式民主，从民主 1.0 到民主 2.0

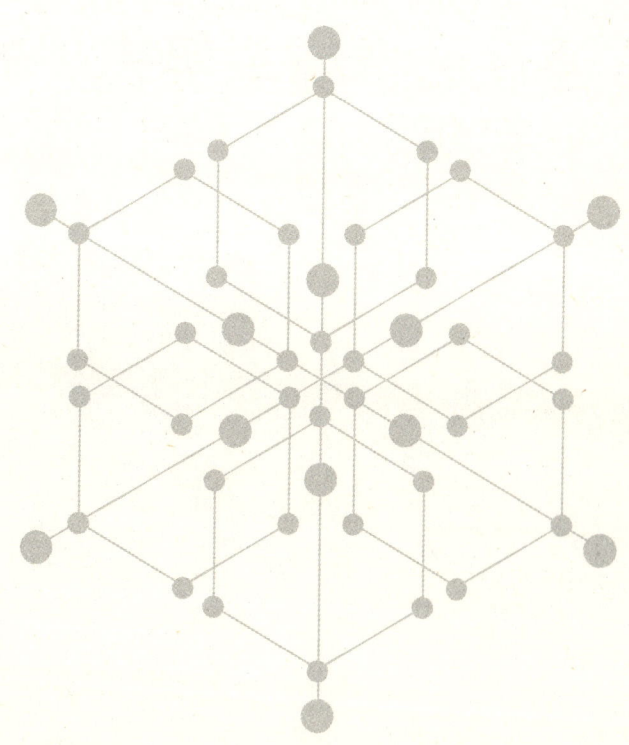

Blockchain

投票（Vote）：

在两个或多个候选人或行动方案中做选择的正式表示，通常通过选票或举手表决的形式来完成。

08 流动式民主，从民主 1.0 到民主 2.0

在全球范围内，2017 年是重要选举和政治变化频繁的一年。在 2016 年当选后，唐纳德·特朗普于 2017 年 1 月 20 日宣布就任美国总统。两个月后，荷兰启动了大选投票，而法国、德国和英国紧随其后。这还不是全部。总共有 69 个国家于 2017 年进行了选举，涉及大选、区域选举和地方选举。这些国家的公民大多数仍然使用纸和笔来投票，计票由志愿者人工完成。虽然制定了种种安全措施，防止选举期间的舞弊，但操纵选票、干预选举流程以及增加或减少候选人得票数并不是那么困难。如果我们坚持使用纸和笔投票，那么这种情况还会不断发生。

过去几十年里，许多国家都在试验电子投票，已知的首次电子投票发生在 1991 年。当时，比利时大选在两个地方尝试了两种不同的电子投票方式。自那时以来，大约有 25 个国家也进行过尝试，但取得的效果不一。例如，荷兰在随后几年中都效仿了比利时。然而在 2007 年，投票机被发现存在严重的信息安全问题，很容易遭受黑客攻击，因此电子投票方式被停用了。不过，比利时仍允许使用磁卡进行电子投票。其他尝试过电子投票的国家还包括澳大利亚、巴西、加拿大、法国、印度、瑞士及爱沙尼亚。在电子投票领域，爱沙尼亚是到目前为止走得最远的国家。这是因为爱沙尼亚已经启用数字身份证，这是一种基于公钥基础设施、用于提供政府公共服务的强制性智能卡。爱沙尼亚于 2005 年开始引入电子投票，到 2007 年成为全球首个支持在线投票的国家。在 2015 年的议会选举中，30.5% 有资格投票的爱沙尼亚选民通过互联网进行了投票。

尽管电子投票系统已有过很多成功的尝试，但在许多国家投票仍然需要用纸和笔来完成。作为一种传统的投票方式，用纸和笔投票流程很慢，容易出错。不过，我们当前的投票系统存在更多问题。例如，投票效率很低，这意味着尽管所有选票都被统计在内，但并不是所有选票都有价值。

民主的两种形式

尽管对新的民主形式有过多方面的探索，但民主制度本身在过去的几百年中都没有改变。简单来说，民主有两种主要形式：直接民主（完全民主）和代议制民主（间接民主）。这两种形式各有其优缺点。

在直接民主中，每个公民都可以投票决定项目或提案。每张选票都是有价值的，结果由多数选票决定。这种民主制度起源于公元前 5 世纪，当时希腊雅典的民主制度允许男性公民掌握全部政治进程。目前，唯一已知的直接民主只存在于瑞士的两个州。这是因为，直接民主会给社会带来多方面的问题。首先,有太多社会问题需要做决策,但不可能让每个公民都了解所有问题,因为这需要花太多的时间。此外,我们没有技术能力,也没有资金用于对每个议题进行投票。因为如上所述,投票流程很慢并且依赖人工。由于存在这两方面的问题,直接民主在日常生活中是不切实际的。

代议制民主是另外一种形式,也是实际应用最多的一种形式。在代议制民主中,公民投票选出自己的代表。几乎所有的欧美民主国家,包括澳大利亚、荷兰和美国,都采用官员选举制度。代议制民主广受欢迎,是因为这被视为最高效的民主形式。然而,代议制民主也存在自身的问题。在美国等采用两党制的国家,公民的选择权受到了很大的制约。而在荷兰等多党制国家,想要获得执政权就必须组建联盟,这往往需要几个月的时间。在这两类制度中,取得政治进展都是漫长的过程。

民主制度并不仅仅存在于国家,组织当然也有自己的民主制度。直接民主在规模较小的组织中更常见。在这些组织中,股东可以就可能的决策展开投票,从而决定公司的策略。然而,如果组织发展壮大,出现了更多的股东,甚至成为有上千名股东的上市企业,那么直接民主就无法继续运转。这些组织会选择代议制民主,股东们任命董事会为他们做决定,而年度股东大会的机制让董事会为自己的行为负责。

民主制度有自己的优缺点,但借助今天的区块链技术,我们有能力解决那些挑战,设计出更优秀的制度,即结合了直接民主和代议制民主优点的"流动式民主"。

区块链蓝图 Blockchain

民主投票最关键的三个保障

在深入探讨流动式民主能带来什么帮助之前，让我们首先讨论一下投票的三个保障，这些特点对民主进程至关重要。

- 第一个保障是，如果你参与投票，那么需要确信你的选票可以成功提交，并得到统计。这方面的问题称作"审查障碍"。
- 第二个保障是，在投票完成后，你需要知道并确信你的选票会被纳入结果中。这就是所谓的"共识协议"，涉及的选举舞弊形式是选票的错误记录。
- 第三个保障是，你需要知道并确信，你和他人的投票在完成后不会被篡改。这称作投票的"不可篡改性"，涉及的选举舞弊形式也是选票的错误记录。

如果这三个关键方面无法得到保障，那么民主进程就注定会失败。直到今天，我们一直相信选举委员会有能力保障这些关键点。然而，个人无法百分之百地确保他们的选票被包含在内、统计在内，以及不被篡改。作为一种"不可篡改，可验证和可追溯"的数据记录，区块链可以解决这个问题。将区块链和流动式民主结合在一起，我们将看到许多与投票相关的问题的解决方案。

区块链，民主 1.0 到民主 2.0 的进阶核心

技术让人们有可能投票做出正确的决定。民主 2.0 的核心正是

区块链，而流动式民主是其中的重要理念。

流动式民主结合了直接民主和代议制民主两种制度的优点，也称作"委托民主""代理投票""自愿直接民主"。这是个相当新颖的概念。流动式民主让公民可以选择他们希望在政治进程或组织战略进程中扮演的角色。他们可以选择就特定政策问题直接投票，也可以选择将选票委托给有能力的代理人代为投票。

委托投票机制针对的是特定政策，这意味着你可以将投票权委托给多个不同领域的专家，并且任何投票决定都可以立即撤回。因此，即使某个代表一度吸引了很多选票并掌握了权力，也可能在任何时刻失去这种权力。这些代表具备特定领域的专业知识。如果能设法吸引到足够多的选票，就能影响决策，从而推动更优秀的治理，因为在这个过程中没有或只有很少政客参与政策制定。不同代表可以行使不同等级的决策权，哪些代表参与哪些政治议程取决于待定议题。此外，代表们可以将自己不熟悉的议题再次委托给他人。通过这种方式，专家们可以更快地积累大量的投票权，推动流动式民主自然进化到精英政治，见图8-1。

个人投票是完全非公开的，只有投票者自己知道结果，其中包括对政策的投票以及对代表的投票。代表们完全不知道是谁将选票委托给了自己。与此相反，代表们的投票将完全公开。这样，委托投票的选民就能了解，代表们的投票决定是否妥当，确保代表能为此负起责任。

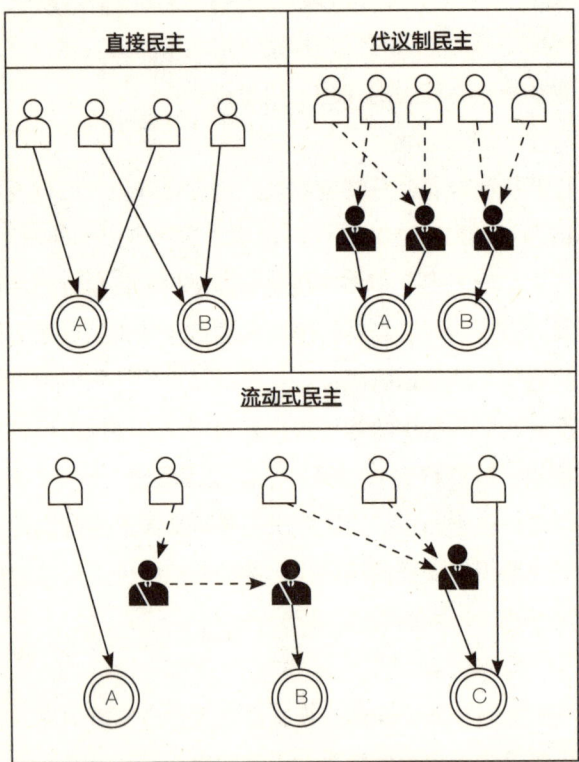

图 8-1 流动式民主结构图

08 流动式民主，从民主 1.0 到民主 2.0

流动式民主的优点：任何人都可以成为代表

流动式民主有许多优点。个人可以完全自主决定如何投票。如果他们希望被动参与，那么可以将选票委托给某个或多个代表。他们也可以就每个议题主动投票。当然，他们还可以决定不参与投票。此外，任何人都可以成为代表，收集投票权，并掌握随之而来的决策权。任何代表如果想要误导个人收集选票，与游说者合作，或是希望用选票换取利益，那么很容易就会失去投票权。政治游说者将不复存在，代表们将直接为自己的行为负责，这样我们每年可以节省数十亿美元。因此，民主就可以在专家网络中发展，在没有政治立场的情况下基于充分信息进行决策，从而带来更好的治理和决定。流动式民主赋予选民权力，让他们更接近最终决策，让选民对选举不再冷漠。此外，少数族裔群体可以成为社会结构中的直接代表，获得发言权。流动式民主的优点有很多，但支撑流动式民主的技术直到最近才出现。随着区块链的发展，流动式民主终于可以变为现实。

直接投票和委托投票将成为可能

流动式民主解决了直接民主和代议制民主目前存在的所有问题，但这种制度本身并不能确保个人可以提交选票或委托他人进行投票，确保投票或委托投票包含在结果中以及结果不会被篡改。此时，我们就可以引入"不可篡改、可追溯、可验证"的数据记录系统，即区块链。

目前已有多家创业公司致力于开发服务于投票的区块链解决方案，无论是为社会还是为某些组织。与此同时，许许多多政党正在借助开源软件来获取相关的公民意见，并持续取得进展。首先，让我们看看流动式民主如何与区块链结合。作为技术基础设施，区块链的重要意义在于使直接投票和委托投票成为可能。与此同时，区块链还防止参与者在同一话题上多次投票，或用虚构的假身份参加投票。

此前讨论的许多概念都与流动式民主相关：智能合约、公钥基础设施、密码学、通证、自主主权身份、身份验证和信誉以及用算法对提案进行投票。具体的运作方式如下：任何人都可以做提案。最佳、最受欢迎或者最清晰的提案将获得最多的投票，从而实现影响力的最大化。类似 Reddit 社区中管理评论和文章的投票系统，这样的提案将被推到最顶端。对某个话题最感兴趣或最专业的人士将讨论并优化关于该话题最受欢迎的提案，就最终措辞达成共识。当然，与制定提案相关的任何操作都将记录至区块链，从而可以追溯提案的制定过程和参与的相关人员。如果一个或多个提案被认为足以进入投票阶段，那么就可以立即组织全民投票。参与者可以通过智能手机、平板电脑或终端机自主投票或委托他人投票。智能合约将监督所有投票委托。如果想要投票，那么必须使用公钥基础设施和生物识别信息来验证自主主权身份，确保投票人是你自己（例如，可以使用智能手机的摄像头来进行面部识别，或者指纹扫描）。你的投票将被令牌化，添加时间戳并上链。在截止日期前的任何时间，你都可以更改、撤回或重新委托投票。区块链将记录所有"交易"，确

08 流动式民主，从民主1.0到民主2.0

保公众可以在任何时刻了解他们的投票是否已提交，是否被纳入到结果中，以及是否被篡改。用户还可以看到每个提案获得的票数。一旦"电子投票箱"关闭，投票结果将立即公布。当然，如此复杂的系统需要大量的维护和管理。虽然基本管理工作可以由人工智能来处理，但人工的参与仍是有必要的。人工就类似于网络论坛上的管理员。系统可以根据用户的信誉及影子信誉来选择管理员。在任何时刻，管理员的责任都是可追究的。

当然，这样的系统需要花时间来逐步开发。其中第一步是在代议制民主中启用基于区块链的在线投票系统。正如之前的介绍，爱沙尼亚几年前就已经部署这项技术，帮助选民提交投票，确保他们的投票被纳入到结果中，在提交后不会被篡改。这个系统的运行可以使用公钥基础设施、加密以及通证化等技术。尽管爱沙尼亚已经启用在线投票，但在起步阶段仍要求公民前往投票站，使用现场的安全计算机来操作。

如何迈向流动式民主

为了迈向流动式民主制度，我们需要采取渐进式做法，从地方层面开始，逐步推广至地区、国家，甚至未来的国际层面。作为第一步，组织应当引入新的投票方式。例如，热门综艺节目《美国好声音》《美国偶像》，以及跨国的音乐节，都可以引入区块链投票。在这些场合进行区块链投票相对容易，并且可以让更多人了解区块链的存在和在线投票的可能性。投票系统透明度的提升将让综艺节目受益,同时组织可以开始研究并开发公司治理、股东和董事会投票的新方法。2017 年,基于以太坊的公司 ConsenSys 开发了面向组织的决策平台 BoardRoom,尝试简化董事会成员选举、预算分配和股东投票等工作。随后,大型组织开始了启动区块链投票的尝试。2015 年,谷歌在企业社交网络 Google+ 上开展了流动式民主的试验。"谷歌投票"是一款利用社交媒体技术的决策系统,整个试验持续了 3 年。在 3 年的运营时间里,谷歌员工提出了 370 个问题,有 2 万名员工进行了 8.7 万多次投票,而其中的 3.6% 属于代理投票。这一尝试的启示是,组织可以应用新的决策系统。

除商业组织之外,全球各地的政党也在试验流动式民主。Flux 参加了 2016 年的澳大利亚选举,而 Flux 运动和 XO.1 创始人马克斯·卡耶(Max Kaye)表示,这场选举活动的目标是促进目前所知最具活力的民主形式,即"基于问题的直接民主"(IBDD)。它比流动式民主更进一步,除了提供对方案的直接投票和委托投票外,还支持选票交易。参与者可以在某些问题上放弃选票,而作为回报他们会收到通证,用于对其他话题的投票。因此,他们可以在自己擅长的专业话题上加强政治权力,对自己不太了解的话题则可以将权力赋予其他专家。然而 Flux 的运气并不好,仅仅获得了 0.15% 的选票支持。随后,Flux 的理念发展成为创业公司 XO.1。该公司希望开发安全、可扩展的在线投票系统。

Follow My Vote 是另一家致力于区块链和流动式民主的创业公司。该公司基于区块链技术开发安全的开源在线投票软件,在不影响隐私或安全性的前提下让所有人都可以访问投票箱,从而实现利用区块链对选举进行端到端的验证。

如何实现流动式民主

如果希望流动式民主成为可能,还需要什么前提条件?

首先,我们需要更好地了解用于投票的区块链是如何工作的。确实,第一批创业公司和政党正在尝试用区块链技术推动安全的在线投票。然而,这项技术仍然非常新颖,需要进行更多的研究。一旦该技术可供组织甚至政府使用,那么还需要对选民进行教育。流动式民主的实施意味着公民的投票方式将发生根本性的转变,而公民需要信任这项他们目前可能还不太了解的技术。通过在热门综艺节目、小型组织或地方政府中引入流动式民主,我们可以向公众展示,流动式民主是如何运转的。特别是在商业应用,例如谷歌投票这样的试验中,区块链技术在最开始阶段并不是必要的。其次是建立新的身份识别系统。自主主权身份是流动式民主的关键,因为一旦公民可以通过加密技术来证明自己的身份,我们就有可能在此基础上开发出各类目前超乎想象的新服务。最后,更多组织和公民将会了解流动式民主的可能,推动民主制度的发展。不过,我们不太可能很快在这方面取得进展,因为民主制度的转变将导致目前代表选民投票的政客们通通失业。

最可能出现的情况是,无论是否引入区块链技术,流动式民主将首先在商业上得到应用。下一步是建立分布式或半分布式自治组织。

这些组织引入流动式民主制度，并将其与智能合约和人工智能技术相结合。客户、股东或董事会成员可以使用这样的系统去做决策。在与智能合约结合的情况下，决策或投资选择将得到自动执行。这样的未来可能并不遥远。中国香港的风险投资公司 Deep Knowledge Ventures 已经在董事会中给此类算法提供了一个席位。该算法将参与对公司实际投资决策的投票。再过几年，董事会可能就会完全由算法组成，这些算法将根据股东投票结果去执行投资决策。将基于区块链的投票系统与智能合约结合起来，就可以根据投票结果自动执行特定的决策或政策，从而明显加快决策的进程。

区块链已被用于企业年度股东大会的代理投票。这些股东大会的成本往往很高，股东参与度则较低。随着全球化的发展以及投资的日益全球化，投资者的参与非常重要，但确保投资者到场很麻烦。因此，我们需要新的解决方案，让股东可以以安全而透明的方式行使自己的权利，促进跨境投资。因此，2016 年，俄罗斯中央证券管理部门——莫斯科交易所成员之一的俄罗斯清算托管处开发并测试了用于代理投票的区块链原型方案。在年度股东大会期间发生信息交换时，这个开源的电子代理投票原型系统可以安全地处理证券持有人和发行人之间的互动。投票指令保存在私有的区块链上，网络中的所有节点都可以访问投票指令。如果监管机构需要了解这些指令，加入私有区块链网络即可。所有记录都分布在参与成员之间，因此投票指令不可篡改、可验证、可追溯。

基于区块链的电子投票系统也有助于优化公司治理。2017 年，布罗德里奇金融解决方案公司、摩根大通、北方信托和桑坦德银行在年度股东大会上成功进行了区块链试点,旨在提高代理投票的透明度。这些试点与传统形式的股东投票同步进行,为投票结果保存了"影子"数字副本。试点的目的是优化年度股东大会代理投票的透明度,改善公司治理。在年度股东大会期间启用区块链投票简化了传统代理投票的过程,提高了代理投票的质量和效率。

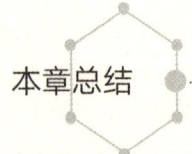

本章总结

新时代的投票制度

正如我们在爱沙尼亚的例子中看到的,基于区块链的在线投票使投票结果不可篡改、可验证、可追溯。通过区块链记录选票,就能让公民百分之百地确定,他们的选票已被成功提交和统计,投票内容未被篡改,同时投票者的个人隐私得到了保障。通过优化现有的投票计算机,将其连接到区块链系统,可以极大地改善选举过程(尽管安全性不是太好)。随后是实现网络投票,在这种方式下选民不需要前往投票站就可以参加选举。如果公民只需要用智能手机就可以在任何地方投票,那么选民参与度就会提高。2016年,在澳大利亚维多利亚州,澳大利亚邮政开始开发基于区块链的电子投票系统。这个独立的电子投票应用与该公司现有的身份平台连接在一起,支持匿名投票,并通过确保每人一票和监控滥用等机制来防止选举舞弊。面向公司、公民和社区组织的本地化解决方案将帮助政府和公众熟悉新系统,同时提供对选民行为的深入洞察,为21世纪新时代的投票做准备。

结 语

指数级发展技术共同驱动的未来

我们生活在技术指数级发展的时代。或许现在你已经很清楚，区块链是一项颠覆性技术，将对我们的生活、工作和社会发展产生巨大的影响。分布式账簿促成了无须预先建立信任的点对点交易，消除了对中介的需求，并使数据不可篡改、可验证、可追溯。有人认为，区块链给各类交易带来的改变类似于互联网给信息共享带来的改变。想要创新并引领潮流的领导者、组织和社会，更应该认识到区块链及其给一切带来的改变。

在撰写《区块链蓝图》这本书时，我们的目标是为读者提供一些关于区块链技术如何创造更美好的世界的见解，而不仅仅关注区块链的商业利益。当然，分布式账簿技术为组织提供了机会，帮助它们开发更好的产品和服务，降

区块链蓝图 Blockchain

低成本并获得更丰厚的利润。但现在我们也很清楚，区块链技术可以用于社会公益，并塑造一个更美好、更公平、更平等的世界。气候变化给人类造成了严重的威胁，全球仍有 7 亿多人生活在极端贫困之中，腐败、欺诈、洗钱等非法活动在全球范围内仍普遍存在，公平贸易往往也根本不公平。此外，我们目前的身份系统早就应该更新换代，而这本身就有助于解决本书中讨论的许多严峻的问题。

然而，区块链并不是我们迎来的唯一颠覆性技术。世界正在加速进化，许多颠覆性技术正在取得成果。大数据分析、人工智能、物联网、虚拟现实和增强现实、3D 打印、机器人和量子计算，这些技术都将逐步影响我们的生活。当这些技术融合在一起时，我们就会看到根本性转变，或者说"范式转变"。这意味着，人类体验的基本特征都会发生翻天覆地的变化。突然之间，我们就可以利用更先进的技术，通过完全不同的视角来看世界，从而获得全新的信息。多种颠覆性技术的融合将给我们带来新的可能性和解决方案，改善生活，建设更优秀的组织和社会，让我们可以共同建设一个更美好的世界。接下来，我们将简单地讨论其中的三种技术。我们认为，这也是解决我们所讨论"恶劣"问题的关键。我们的探讨不会太深入，因为其他多本著作都已经深入探讨过这些话题。

大数据，一切问题都可归因于数据问题

大数据是指以高速度、大容量的方式生成、存储和使用多样化及多变性的数据。近年来，人类一直在大量制造数据，预计未来几年数

结　语　指数级发展技术共同驱动的未来

据量还将呈现指数级增长。大数据改变了组织、组织的文化和身份以及决策的方式。对许多组织来说，大数据分析是最有可能带来竞争优势的技术。例如，优步和爱彼迎等创业公司可以利用数据驱动的方式来获利。所有公司都在演变成基于数据的生意，大数据分析现在已经成为理解周围环境、保持竞争力的先决条件。大数据分析给组织带来竞争优势，同时帮助非营利性组织和政府部门开发更好的产品和服务。

需要指出的是，大数据分析分为三个阶段：描述性分析、预测性分析和规范性分析。如果想要建设更优秀的组织，大数据分析的每个阶段都可以带来更丰富及更有意义的洞察。每个阶段的复杂程度都在上升，同时也给组织创造出更多的价值。

描述性分析可以帮助组织了解周围环境，功能类似于汽车的后视镜。通过利用各种结构化数据集和统计方法，描述性分析可以提供从几十年前到一秒前对所发生一切事件的洞察。这种分析有助于优化整个组织的决策，帮助组织判断如何应对不断变化的环境。这相当于汽车的导航系统，能在交通堵塞的情况下告诉你最快的行车路线。预测性分析则利用人工智能技术，在多个结构化和非结构化数据源中识别模式与关系，提供建议。

由于预测性分析可以预测未来，因此引入这种分析方式的组织可以获得未来的竞争优势。最后，作为对业务理解的终极阶段，规范性分析可以推动组织转型。通过对非结构化和结构化数据源的分析，组织可以获得建议，对有形资产和无形资产做出实时的长期调整。规范性分析使用各种算法和数据建模技术来给出建议，如果拿汽车来做类比，那么规范性分析就像是能自动带你到目的地的无人驾驶汽车。

通过全面利用数据和相关洞察，组织可以实现内部权力结构的转变。以往，经验最丰富的领导者负责决策；而在未来，决策权将属于能够使用数据分析工具并从中获得洞察的任何人。在数据驱动型企业中，组织内真正的决策者不是高级经理或高管团队，而是那些面向客户或直接参与产品和服务开发的员工。有些领导者可能不愿接受这样的权力转移，但只有所有领导者都接受这一事实，组织才能真正受益于大数据分析。获得这种能力的员工更可能与许多利益相关方合作，为企业带来最佳业绩。因为他们将获得更多的参与感，对组织的成功承担更大的责任。因此，那些希望在不断变化的、由数据驱动的世界中保持竞争力的组织应该努力促进员工合作，并在整个业务中推广先进数据分析技术的使用。网络型组织在这方面所处的位置尤为有利。此外，大数据分析不仅可以帮助商业组织，实际上也是解决我们本书中所说各种"恶劣"问题的一个关键部分。

数据已经成为我们生活、商业活动和社会组成部分的基本因素。目前，几乎所有的新技术都会产生更多的数据，而所有的企业都在演变成主要生产数据，顺便生产某种产品的组织。例如，汽车公司变成了帮助人们从 A 点前往 B 点的数据公司，而银行则变成了恰好可以满足客户财务需求的数据公司。如果从这个角度看，那么组织很可能将找到新的解决方案，开发更优质的产品，提供更优质的服务。同样的原理也适用于我们在本书中讨论的各种"恶劣"问题。

结　语　指数级发展技术共同驱动的未来

如果我们把这些问题看作数据问题，那么就能够更容易地找到解决方案。

2009年，联合国启动了"全球脉动"倡议。这个创新实验室希望推动大众更深入地认识大数据创造的机遇，成为推动大数据技术普及的催化剂，并将数据科学家、数据提供商、政府和发展部门从业者等多个利益相关方团结在一起。通过监控以往无法监控的流程，气候变化也可以成为受益于大数据分析的领域之一。联合国"全球脉动"数据分析倡议于2014年启动了"大数据气候挑战"。这个项目结合了卫星数据、众包参与者的描述和公共数据，为监测森林退化提供资金。这样的洞察可以帮助政策制定者和组织，例如雀巢和联合利华，确保它们的活动不会加剧森林退化。

与此同时，正如我们在前文中设想的业务所展示的，通过在合适的时机向适当的人群提供适当的药物，我们可以更好地解决贫困问题。通过更准确地预测需求，一个名为SMS for Life的项目极大地优化了坦桑尼亚的疟疾药品分发。世界银行的大数据研究显示，在许多国家，导致人们健康水平下降甚至死亡的原因是食物没有足够的营养。因此在救助活动中，政府可以转而关注更有营养的食物。当然，大数据分析也有助于减少各行各业的欺诈、腐败或洗钱活动。据估计，由于欺诈活动，全球每年损失的收入达到3.5万亿美元。因此，组织有充分的动机去研究细节,并引入模式识别和异常检测等技术,更深入地了解异于寻常、需要额外关注的情况。更多此类分析可以利用人工智能技术去实现自动化,从而让我们更好地找到问题的解决方案。基于这些原因,人工智能的进步将给我们带来更多的希望。

人工智能,正在颠覆各行各业的算法生意

2017 年,谷歌旗下的 DeepMind 在 AlphaGo 算法的基础上发布了经过优化的新版本 AlphaGo Zero。以往版本的 AlphaGo 利用人工数据来训练,而新版本算法可以自我训练,不需要人工干预或历史数据。这是个令人耳目一新的特性。通过 3 天时间的自学,AlphaGo Zero 就击败了 2016 年曾经胜过李世石的围棋人工智能。AlphaGo Zero 使用新的强化学习方式,让算法无师自通。这个算法可以与自己对抗,这意味着它将永远可以获得旗鼓相当的对手,并通过对手的棋着来学习。此前版本的 AlphaGo 击败了李世石,并且用以往从未出现过或被考虑过的棋着让这位围棋世界冠军大吃一惊。新版本则依靠自学掌握了完全未知的策略。结果在 40 天后,AlphaGo Zero 就胜过了此前 AlphaGo 的各个版本。这是人工智能世界中的重大事件,代表了人工智能的全新形式,即直觉式人工智能的出现。直觉式人工智能比标准人工智能更富有挑战性。

算法带来的变化正在我们周围发生。全球最大的出租车公司优步并不拥有出租车,而是使用智能算法来连接司机和乘客。全球最大的

结　语　指数级发展技术共同驱动的未来

通信公司 WhatsApp 并不拥有通信基础设施，但每天发送的消息超过 350 亿条。全球市值排名第二位的零售商阿里巴巴没有库存，但使用算法帮助他人销售产品。优步、WhatsApp 和阿里巴巴等公司清楚地表明，人工智能可以颠覆整个行业。然而，我们仍只是处于这场变革的开端。未来 10 年，我们很可能会看到，各行各业都被人工智能颠覆。市场研究公司 Gartner 将这种趋势称作"算法生意"，将从根本上改变我们做生意和政府运行的方式。

算法组织指的是围绕智能算法建立的组织。算法定义了公司流程，提供客户服务，并在必要时采取行动，从而决定世界运作的方式。为了理解产生的所有数据，我们需要用到人工智能。借助机器学习和深度学习技术，算法可以理解客户行为，从设备中学习，并相应地执行正确的操作。算法将优化你的供应链，驾驶你的汽车，监控你的机器人，确定合适的营销语，甚至成为你的老板。

由于技术的发展，公司和消费者正在产生越来越多的数据。像沃尔玛这样的组织，每天产生并存储的数据量达到数十拍字节（PB）。然而，仅仅收集并存储大量的数据并不足以解决许多"恶劣"问题。为了解决这些问题，组织要做的不仅仅是简单的数据分析，关键在于基于数据做出行动，创造更多的价值。算法可以定义行动，集成这些算法的软件非常擅长某些活动，并且做得比人类好很多。因此，组织中使用的算法越多，未来失业的人就越多。实际上，牛津大学和德勤 2013 年就估计，仅仅在英国就有超过 35% 的现有工作岗位由于计算机的发展而面临极大的风险。英国并不是唯一受影响的国家。同一项研究估计，在未来的 10～20 年中，算法生意可能会导致美国失去近 47% 的工作岗位。社会上一半的劳动力失业，这听起来令人恐惧，这也是我们必须处理的另一个"恶劣"问题。然而，如果我们今天就做好准备，就有更大的可能彻底改善我们的社会。

人工智能技术已经以多种方式得到应用。类似美联社的新闻机构使用人工智能算法，以每分钟 200 篇的速度撰写财经报道。当然，这不可能是有望斩获新闻奖项的深度新闻，只是与日常业务动态有关的报道，例如季度财务状况新闻，其中涉及企业的盈利状况及股价表现。不过，这些报道以往需要由人工撰写。这是否意味着，机器人会让记者失业？不会，至少目前如此。不过，能写小说的机器人确实也在快速发展。另一个例子是风险投资公司 Deep Knowledge Ventures。2014 年，这只风险投资基金在其董事会中给予算法一个席位，算法可以参与投票，决定是否对某家公司进行投资。该基金专注于生命科学以及与衰老相关的疾病，而这个名为 Vital 的算法可以分析来自多个数据源的数据，包括临床试验、财务状况、以往融资情况和知识产权等。尽管该算法还无法独自操作风险投资基金，但它的出现标志着风险投资公司投资方式的巨大飞跃。另外值得一提的还有 Lapetus。这家创业公司想要使用人工智能分析用户的自拍照片，判断用户是否会购买人寿保险。所有判断都将在两分钟内完成。

算法组织具备变革社会的潜力，而近期的发展使我们越来越接近人工智能的终极梦想：通用人工智能（AGI）。这意味着，人工智能将会像人类一样聪明。由于深度学习技术的发展，通用人工智能正在成为可能。深度学习是机器学习的一个细分领域，灵感来自人类大脑的神经网络。目标是开发出能在海量数据中进行模式识别的人工神经网

结　语　指数级发展技术共同驱动的未来

络。由于全球各地的科学家都可以用上高性能计算机和大数据集，深度学习正逐渐得到广泛的普及。新的深度学习应用可能会极大地影响我们的生活，并协助解决某些问题。

深度学习算法并不需要由人工来训练。这些算法接触到大量的数据集，包括数百万的视频、图像和文章。算法必须自己学会如何识别不同对象、语句和图像。最终，算法可以得出人类无法想象的解决方案。因此如果没有大数据，这样的成果是不可能实现的。例如，2016年，一组算法使用人类永远不会使用的模式，开发了一种人类无法破译的加密算法。人工智能天生就特别适合解决各种"恶劣"问题，因为这种技术可以轻松地处理大量数据和令人迷惑的复杂信息，将结果返回给所有利益相关方，并提出解决方案，给予方向性指引。人工智能的智能程度越高，对于解决各种"恶劣"问题就越有用。实际上，在尝试解决"恶劣"问题时，我们已经不可能忽视人工智能。对于本书中讨论的每个"恶劣"问题，获得大量数据非常必要。随后，我们可以使用人工智能技术来识别模式，发现相互之间的依赖关系，理解差异点和相似点，自动分类数据，做出预测，并相应地采取行动。谷歌 DeepMind 首席执行官戴密斯·哈萨比斯（Demis Hassabis）说过："最终目标是利用人工智能来应对重大挑战。如果我们能够以一种普遍性方式来解决智能问题，那么就可以将其应用于各类工作，从而让世界变得更美好。"作为谷歌旗下部门，DeepMind 开发了 AlphaGo，对人工智能进行了开创性研究。由于深度学习需要用到大数据，因此人工智能可以用的数据量越多，算法就会变得越强大。这也是物联网重要性不断提升的原因，因为通过物联网，我们可以获得指数级增长的数据量。

区块链蓝图 Blockchain

物联网，彻底改变我们看待事物的维度

物联网技术将创造出海量的传感器数据。思科公司预测，在未来的 10 年内，这将形成 19 万亿美元规模的市场，其中包括工业互联网的 2.9 万亿美元。Gartner 预测，到 2020 年，每秒将会有 150 个新设备连接至互联网。因此，在随后的 10 年中连接至互联网的传感器将从 500 亿个增加到大约 10 万亿个。如果有数十亿个设备连接至互联网，那么就可以改变我们看待事物的维度，尤其考虑到这些互联设备将变得更智能。机器人、自动驾驶的汽车和船只、无人机，以及其他物联网产品的智能化程度越来越高。这些设备能更好地理解用户，使产品或服务适应用户的需求和环境。软件升级将通过无线方式来完成，从而减少了不断购买新产品的需求。

物联网的关键在于，利用互联设备生成的大量数据，人工智能可以采取什么样的行动。只有对这些数据进行分析，才能理解未来会发生的变化。例如，如果你有一个互联恒温器，而你的汽车知道你正在开车回家，家里的室内温度很低，那么就可以告诉恒温器，把室温调高。当你回到家，家中的环境就已变得温暖而舒适。

人工智能将对物联网产生巨大的影响。没有人工智能，物联网就无法实现，因为只有借助能在适当时机自动采取行动的算法，我们才能分析由传感器产生的大量原始数据。当然，算法在家庭场景中实现的功能同样也可以大规模应用于组织或政府场景。Gartner 高级副总裁彼得·桑德加德（Peter Sondergaard）解释说："算法会定义行动，到 2020 年，人工智能将负责 40% 的交互。"

算法还能将环境纳入到考虑中。环境信息非常重要，也是必需的，可以帮助人工智能真正理解在特定流程中，个人、业务或互联设备正在发生什么。借助足够多的来自互联设备、表达各自信息的数据源，算法就可以基于海量数据点来判定正确操作。本质上，人工智能与物联网的结合有助于做出正确的商业决策，建立有意义的连接，预测各种行为，帮助解决"恶劣"问题，改善组织、政府和我们的社会。

在解决"恶劣"问题的过程中，物联网贡献了可供分析的新数据源。例如，借助智能电表，第 6 章中讨论的智能电网带来了各种全新的可能。这些互联设备监控你家中或办公楼中正在发生的变化，随后人工智能将采取相应的行动，以安全的方式完成交易并记录至区块链，为你省钱或带来更多的收入。连接至互联网的设备越多，我们就可以越好地分析各种流程。从这类分析中获得的洞察将帮助我们解决多方面的"恶劣"问题。

永远不要孤立地看待技术

大数据、人工智能和物联网等技术与区块链等分布式账簿的融合，将给世界带来范式的转变。实际上，你无法孤立地看待这些技术。而在融合之后，所有这些技术都将变得更强大。一旦这些技术融合在一起，我们就可以看到真正的机会，去解决本书中讨论的所有甚至更多的问题。互联设备和在线服务将带来更多的可用数据，这些数据将由智能算法来分析。区块链将确保不同参与者之间传输的数据不可篡改，可验证和可追溯。此外，区块链上的智能合约将实现自动化，某个智能合约的输出信息可以作为另一个智能合约的输入信息，从而建立起智能的去中心化自治组织。

然而，所有这些技术也都存在缺陷，并造成新的问题。其中之一就是未来可能会造成的失业，因为机器人和人工智能将占据大部分工作岗位。我们认为，或者说我们曾经认为不太可能被自动化的许多工作岗位也都将受到人工智能的冲击。没有服务员的餐厅已经出现。在那里，机器人制作汉堡，或将做好的寿司端上桌。例如，Momentum Machines 公司开发的一款制作汉堡机器人就能取代两三名快餐厨师。该公司联合创始人亚历山德罗斯·瓦尔达克斯塔斯（Alexandros Vardakostas）于 2012 年表示："我们的设备并不是为了让员工更高效，而是完全取代人工。"人员冗余还将在更多的领域出现。相对复杂的工作，例如会计、卡车司机或客服代表，也都将被算法和机器人取代。如果你认为软件开发工作是安全的，那么也错了。2017 年，谷歌开始设计一种比算法工程师更擅长编写新代码的算法。2017 年，谷歌还展示了一种用神经网络训练人工智能，从而开发更强大的神经网络的新方式。这项名为 AutoML 的技术利用强化学习技术，开发出的网络比人工开发的产品更强大、更高效、更易于使用。在未来的 10 年中，人工智能发展得越先进，消失的工作岗位也就越多。机器人和算法将占据超过 50% 的工作岗位，这样的场景并不是天方夜谭。剩下的问题在于，这将会在何时到来，以及我们要如何应对这个"恶劣"问题。

幸运的是，导致我们失业的技术也可以带来解决方案。有些国家的政府已经在尝试使用区块链来发放福利。英国政府与巴克莱银行、德国能源公司 RWE 的英国子公司、金融科技创业公司 GovCoin 和伦敦大学学院合作，使用区块链来发放福利，并记录福利接受者收发的所有款项。芬兰在此基础上更进一步。芬兰政府已开始为 2 000 名年龄在 25～58 岁的失业者提供无条件的基本收入，这样的大规模尝试是全球首例，目的是为未来的失业问题做准备。芬兰的多名专家表示，区块链技术为无条件的基本收入制度带来了帮助，在确保用户隐私的前提下提高透明度，将政府工作自动化，减少官僚机构，大幅降低政府服务成本。无条件的基本收入制度是解决未来失业问题的方案之一，确保人们可以专注于生活的其他方面，例如创造力和自我实现。当然，为所有公民提供基本收入的成本不低，因此政府应该精简当前的税收制度，取消社保优惠和税务优惠，从而简化税收体系。区块链技术将使这个目标成为可能，特别是当政府开始使用现有加密货币，或自主开发的加密货币，例如数字美元、数字欧元和数字人民币之后。这将确保所有的纳税和社保信息不可篡改、可验证、可追溯，同时确保匿名。在这个过程中，年度税单的处理也将自动化。

新兴技术的融合正在迅速改变我们生活、工作和社会运行的方式。各国政府必须研究如何利用这些技术创造更美好、更包容、更公平、更透明的社会，同时给予公民隐私和信息安全足够的尊重。

联合国可持续发展目标将更容易实现

在区块链的革命中，对未来应用的投资达到数十亿美元。其中一些项目展示了分布式账簿和类似的非区块链方案的其他应用。借助区块链带来的能力，联合国制定的可持续发展目标或许更容易实现。建立可验证的数字身份，对供应链进行监督以及不可篡改的记录和交易信息，都将有助于公平贸易、合理纳税、选票统计、源头追溯以及在不需要更多文件的情况下让流离失所的人口获得永久性的身份和资质。许多人口因为战争或自然灾害而流离失所，因此数字化身份带来的帮助愈加明显。未来，气候变化引起的灾害有可能造成新的一代流离失所。借助数字身份，人类在迁移过程中，在新地方创造新生活时就不会丢失可以证明自己身份的属性。整个国家都可以用数字化档案和历史来记录。区块链可以安全地记录充分的信息，以识别个人身份及其中的属性。区块链可以管理授权和源头，用技术去控制敏感的隐私信息，而不再受制于正逐渐走向消亡的特定的第三方。

组织转型的区块链路线图

　　了解什么是区块链，以及区块链如何协助解决全球最重大的一些挑战，这是一回事，而知道如何制定区块链战略则完全是另一回事。此外，了解如何在你的公司中实施区块链战略还会是更困难的问题。

　　与大数据、人工智能和物联网等新兴技术结合在一起，区块链为组织提供了重新思考内部流程、提高效率、构建更优秀组织的机会。然而，在流程导向的大型组织中，从中心化向去中心化转型，利用加密技术来建立信任，用智能合约实现决策的自动化，以及将组织治理嵌入至代码中，可能是非常艰巨的任务。实际上，如果想要将你的公司转型为去中心化组织，那么可以遵循以下 5 个步骤。

结　语　指数级发展技术共同驱动的未来

第一步：理解区块链

我们希望《区块链蓝图》这本书能让你清楚地了解什么是区块链，以及区块链有哪些组成元素。区块链的核心只不过是一种数据库技术，但这种技术有着变革性的深远意义。因此关于区块链是什么，以及区块链可以为你的组织和行业做什么，在组织间建立对这些问题的共同理解很重要。本书介绍了一系列区块链创业公司，目的在于证明区块链可以应用于任何行业，服务于任何商业目的。区块链为不同行业带来了不同机会，无论是数据或产品溯源，优化身份识别和验证系统，还是提高支付效率。因此，关于区块链可以为你的业务做什么，在全行业层面建立共同理解是非常重要的第一步。

了解区块链是什么，以及区块链可以为你的业务做什么，可以帮助你赢得管理层的支持和组织内其他部门的认可。区块链有着巨大的潜力，因此是否转向区块链与其说是信息技术部门的问题，不如说是企业战略问题。如果你想要认真地关注区块链，那么肯定要花较多的时间。在起步之初，投资回报率很可能不高，甚至是负数。围绕去中心化的未来建立共同理解将有助于实现你的长期愿景。

第二步：确定想要解决的问题

这是在战略上引入区块链技术的关键一步。许多问题都可以通过数据库，甚至电子表格来解决。由于发展区块链技术需要财务投资，因此重要的是判断，这是不是你手头问题的最佳解决方案。

为了协助进行这种分析，你可以总结业务问题的类型，看看这些问题是否适用基于区块链的解决方案。这些问题可能包括：由于各方需要访问共同的数据，同时又需要保护各自的商业利益，供应链和贸易活动存在障碍；如何在需要溯源的市场上提供保护机制；登记所有权和各项权益；针对数字资产和创造性作品记录授权信息；永久保存数字作品；记录重要交易，确保交易对网络透明。区块链为跨组织边界的信息共享提供了中立区域。除以上列举的场景之外，对于趋势、投票中的模式、数据分析和记录保存，区块链还可以促进信息共享。

重要的一点在于，所有这些场景都假定共享的信息不涉及隐私或机密。在一个高度重视数据和隐私保护的世界中，在公开网络或有授权网络中向参与者发布信息之前，都必须牢记这个问题。

并非所有的问题都需要去中心化的解决方案、加密货币或智能合约。区块链应该是达到目的的手段，而不是目的本身。如果你认为需要使用加密货币，那么应该清楚地了解，为何需要加密货币，以及需要什么样的加密货币。因为确实有很多去中心化解决方案并不需要使用加密货币。

第三步：开发最小可行产品

如果你希望在组织中部署新技术，那么明智的做法是从比较小的规模起步，开发最小可行产品（MVP）。区块链也是如此。如果想要学习颠覆性的新技术，并在整个组织内逐步部署该技术，那么从小规模起步并逐步扩展是最佳方式。此外，区块链不同于其他新兴技术，因为区块链通常要求组织与行业伙伴、客户甚至竞争对手合作，因为只有通过与利益相关方的去中心化合作，区块链才能带来真正的帮助。无论产品是服务垂直化的组织架构还是水平化的供应链场景，抑或是两者兼有，所有参与者都需要了解，为什么要共享某些信息，并相信个人信息、商业机密信息以及行业敏感信息都是安全的。区块链带来的透明度可以让所有这些信息都公开展示。

除此之外，区块链生态仍在发展中。截至本书出版之时，区块链的普及程度才刚刚达到互联网在 1994～1995 年的水平。很明显，这个新的生态并不需要 20 年才能获得全面的发展，但去中心化组织所需的许多技术仍然处于 beta 测试，甚至 alpha 测试阶段。所以最好的做法是，你应该与利益相关方合作开发最小可行产品，在进一步推广至整个组织前确保技术按照应有的方式工作。

第四步：开始招聘专业人才

区块链技术的发展需要新的专业人才，包括开发者、商业和技术架构师、智能合约语言开发者、密码学家，同时也需要数据科学家、数学家和信息安全专家。如果你还想要在某个阶段去开展加密货币融资，那么还需要首次币发行专家。后者是一种日趋重要的新型工作岗位。不幸的是，包括上述各种职位在内，区块链开发者的群体仍然很小。原因很简单，这种技术出现的时间还不长。因此对你的组织来说，需要尽快开始招聘合适的区块链开发者，或与这样的开发者合作。另一方面也要确保他们有适当的垂直行业经验，因为区块链技术会因行业而异。

当然，你也可以求助于咨询公司，让这些公司来组织并实施区块链解决方案。其中包括传统咨询公司，例如埃森哲、国际商业机器公司、毕马威或微软，或者你也可以寻找更专业的新兴公司，例如 ConsenSys 或 Chainsmiths。

第五步：扩大你的规模

一旦对区块链建立了共同理解，根据设想的理念开发出最小可行产品，并准备好新资源，那么就可以开始扩大你的规模。如果你运气足够好，那么基于区块链的设计会给你的业务和利润带来切实的改善，随后你就可以在这些收益的基础上研究区块链对核心业务的影响。已经开发的最小可行产品将有助于制定长期的区块链战略和路线图，包括各种预期目标，例如提高效率、降低风险、更好的治理和提高质量等。

在制定长期区块链战略时，你需要判断，区块链是会停留在组织外围，只对业务产生轻微影响，还是会进入业务主体，从根本上改变业务。无论属于哪种情况，通过对一个或多个最小可行产品的投资，你都会为未来做好准备。因为，这将使你掌握发展去中心化业务的能力。这种能力本身就很有价值，可以帮助你在日渐去中心化的社会中获得竞争优势。

结　语　指数级发展技术共同驱动的未来

分布式、去中心化的未来本质

未来是分布式的、去中心化的。在接下来的 10 年时间里，我们将帮助网络回归去中心化、分布式的本质。今天，全球三大互联网公司（谷歌、Facebook 和亚马逊）掌握了巨大的力量，可以利用客户数据来增加股东回报。乔纳桑·塔普林（Jonathan Taplin）在 2017 年出版的《快速行动，打破一切》（*Move Fast and Break Things*）这本书中指出，这样的"监控资本"实际上加剧了不平等，对社会没有益处，并且可能不利于民主。现在是时候做出改变，用新兴技术来改善我们的世界，而不仅仅是增加股东回报。当然，这并不意味着你无法赚钱。事实上，正是盈利的潜力创造了大量的机会。如果以公平和诚信的方式去开拓，那么目前未被关注的数十亿人将会是庞大的目标市场。缓解气候变化就是很好的商业机会，可以在改善我们世界的同时创造上千万美元的利润。

解决本书中所说的问题需要个人、组织和政府共同努力。政府应该开始应用区块链来优化政务服务，让做生意和守法变得更容易。区块链为政府创造了许多机会，有助于提高效率，同时帮助组织去做它们最擅长的事情，即经营企业，并创造更美好的世界。另一方面，组织可以应用区块链和其他新兴技术来开发更优质的产品和服务，打造更好的客户体验，并将数据控制权归还给客户。链上数据"不可篡改，可验证、可追溯"的特点将带来更高的透明度和安全性，并提高目前许多国家缺乏的隐私保护能力。最后，个人可以通过安全的方式跨越时间和空间，直接与他人进行交易。区块链将促进全球范围内前所未有的合作，让个人以全新的方式相互帮助并从中获得收入。密码学和加密技术将确保个人在相互不了解的情况下彼此信任，在全球范围内建立新的联系，推动交易。

解决身份问题将有助于解决其他问题。通过为每个公民提供数字化、安全的自主主权身份，他们就可以以安全、透明和私密的方式与其他个人、组织和政府部门互动。这将要求各国政府以类似爱沙尼亚的方式接受区块链技术和其他新兴技术，制定数字优先战略。政府不应该只专注于吸引能带来税收的公司，而是应该将重点转向提高效率。政府应该消除官僚主义给组织和个人造成的低效。毕竟，政府也是数据组织，可以以符合公民最佳利益的方式创造自由、安全、平等、繁荣和清洁的环境。一旦自主主权身份获得普及，那么解决其他"恶劣"问题就会变得容易得多，而所有人都将生活在一个公平、透明而安全的世界里。当然，这并不意味着，我们必须先建立自主主权身份系统，才可以解决其他"恶劣"问题。现有的组织和创业公司以及政府和个人，应该拥抱当前的区块链技术，建设更美好的世界，减少气候变化，消除贫困、腐败、欺诈和洗钱这些非法活动，改善民主和公平贸易。

技术已有，时不我待。

术语表

- **算法（Algorithm）：**
  在计算中需要遵循，尤其是计算机需要遵循的过程和规则集合。

- **年度税收缺口（Annual Tax Gap）：**
  所有纳税人应纳税总额与税务监管机构实际征收金额之间的差额。

- **人工智能（Artificial Intelligence，AI）：**
  开发智能产物的程序。借助人工智能，用计算机来放大人类智能的活动，将可能推动文明的空前繁荣。但我们需要确保技术被用于造福于人类，防止人工智能造成任何损害。

- **增强现实（Augmented Reality，AR）：**
  也称作"混合现实"（Mixed Reality）。增强现实技术可将计算机图形添加到用户对真实世界的视域中。

- **大数据（Big Data）：**
  日常业务活动中大规模生成的数据，包括结构化数据和非结构化数据。这些数据集非常庞大且复杂，因此传统的数据处理软件无法进行处理。

- **比特币（Bitcoin）：**
  一种加密货币，也是首个去中心化的数字货币。这个货币系统不需要中央银行或单一管理机构就可以交易与流通。

- **区块链（Blockchain）：**
  一种数字账簿，按时间顺序记录，用比特币或其他加密货币进行交易。作为区块链基础的密码学实现了"无须预先建立信任"的系统，因此不再需要由中介机构管理风险，同时区块链上的数据不可篡改，可追溯、可验证。

- **共识机制（Consensus Mechanism）：**
  去中心化网络中的特性之一，用于确定单个用户或单个节点的偏好，并实现整个网络的决策制定。共识机制也是各类区块链的核心。借助共识算法，可信的第三方就没有存在的必要。而由于共识算法的存在，网络本身就可以制定、实施和评估决策，而不再需要中心化权威机构。

- **加密货币（Cryptocurrency）：**
  一种使用密码学原理来保护交易、控制新单位创建及验证资产转移的数字化交易媒介。

- **加密货币挖矿（Cryptocurrency Mining）：**
  一种会给予计算机节点奖励的竞赛。最先解决公共区块链网络上密码问题的计算机节点能获得奖励。通过解决特定的计算问题，矿工验证区块并创建指向下个区块的哈希指针。一旦验证完成，整条链上的每个区块都不可篡改。

- **密码学技术**（Cryptography）：
  保护数据免于被盗或被篡改，也可以用于进行用户身份验证。早期的密码学技术实际上是加密的同义词，但目前它主要基于数学原理和计算机科学实践。

- **去中心化自治组织**（Decentralised Autonomous Organisations）：
  基于编码成的计算机软件（智能合约）的规则来运行的组织。去中心化自治组织的金融交易记录和程序规则需在区块链上维护。在此过程中，没有管理层或员工的参与其中。

- **去中心化应用**（Distributed Application，DAPP）：
  支持区块链的产品和服务通常也被称作去中心化应用。去中心化应用至少有两大特征：1. 对去中心化应用协议的任何修改都必须获得共识；2. 应用必须使用根据 SET 算法生成的加密通证或加密货币。目前来看，比特币可能是最广为人知的去中心化应用。

- **去中心化网络**（Decentralised Networks）：
  本质上是一种计算环境，其中存在多方或多个节点，它们各自独立做出决策。在这样一个系统中，不存在可以代表各方决策的单一的中心化权威组织。

- **数字签名**（Digital Signatures）：
  由公钥加密来生成并验证的一种数字代码，附加在电子传输的文件上，用于验证其中的内容和发送者的身份。数字签名基于公钥加密技术，这也称作非对称加密（asymmetric cryptography）。

- **分布式账簿技术**（Distributed Ledger Techndogy，DLT）：
  一种记录资产交易的数字系统，能同时在多个地点记录交易及其详细信息。区块链是分布式账簿的一种。

- **分布式网络**（Distributed Networks）：
  分布式网络是一种分布式的计算网络系统。之所以称作"分布式"，是因为计算机程序和所处理的数据分布在多台计算机上。通常，分布式网络通过计算机网络来实现。分布式网络中的参与者可以验证其他用户的交易或信息交换记录。因此，社区可以评估自身的价值和信誉。

- **多次消费问题**（Double Spending Problem）：
  当给定的一组加密通证用于不止一笔交易时，就会出现这样的问题。如果可以解决多次消费问题，那么数字货币或加密货币将更有竞争力。

- **公平贸易**（Fair Trade）：
  确保生产者获得公平的报酬，在安全和人道主义的条件下工作，而消费者可以确信他们所消费产品的源头和质量。

- **哈希算法**（Hash Algorithm）：
  区块链上的每个数据区块都会获得由"安全哈希算法"

计算得出的哈希标识符，即访问数据库的密钥。区块的哈希值是固定的。换句话说，分配给区块的哈希标识符永远不会改变。哈希算法被用在区块链技术的每个领域，其中之一就是哈希标识符。这是唯一不变的64位字符串，关联至每个区块的数据。

- **哈希函数**（Hash Function）：

一种可用于将任意大小的数据映射至固定大小的数据。哈希函数的返回值称作哈希值、哈希码、摘要或简单哈希。

- **不可篡改**（Immutability）：

不会随时间改变，也不可能被修改。

- **首次币发行**（Initial Coin Offering，ICO）：

通过发行能兑换为法币的加密通证来进行众筹，也称作"令牌生成事件"（TGE）。

- **机器学习**（Machine Learning）：

一种数据分析方法，实现了分析模型开发的自动化。这是人工智能的分支之一，基本理念是系统可以从数据中学习与识别模式，在人为干预最小化的情况下做出决策。

- **纳米科技**（Nano Technology）：

在分子尺度或纳米尺度（即1～100纳米）下开展的科学、工程学和技术研究。

- **节点**（Nodes）：

作为节点的计算机确认发生在网络中的交易，并在整个系统中维护去中心化的共识。

- **点对点交易**（Peer-to-peer Transactions）：
  也称作个人对个人交易（P2P 交易或 P2P 支付）。电子货币通过一款应用从某一个人转移给另一个人的过程。

- **实用拜占庭容错算法**（Practical Byzantine Fault Tolerance，PBFT）：
  这种算法依赖于一系列节点去确认可信度。当网络上发生恶意连接时，实用拜占庭容错算法会提供一定程度的保障和信任。这是用其他方法无法实现的。

- **私钥基础设施**（Private Key Infrastructure，PKI）：
  一系列角色、策略和流程的集合，用于创建、管理、分发、使用、存储和吊销数字证书并管理公钥加密。

- **权益证明算法**（Proof of Stake，PoS）：
  验证交易与实现分布式共识的方式之一。这种算法的目标是激励节点去确认交易。权益证明基于某人持有某种加密货币的总量来确保其良好行为。

- **工作量证明算法**（Proof of Work，PoW）：
  工作量证明算法定义了"挖矿"这种成本高昂的计算机计算。进行这种计算是为了在分布式账簿或区块链上创建一组新的、无须预先达成信任的交易（即所谓的"区块"）。

- **量子计算**（Quantum Computing）：
  量子计算建立在量子力学原理上，利用了自然界既有但通常不为人所关注的复杂定律。

- **自主主权身份（Self-sovereign Identity）：**
  根据自主主权身份的理念，个人和企业可以将身份数据储存在自己的设备上，并根据具体需求高效地提供自己的身份证明。自主主权身份的主要优点在于，用户只需要提供对请求者来说必要的信息，而请求者也只会获得和储存必要的信息（并且需要得到身份所有者的明确许可）。

- **智能合约（Smart Contracts）：**
  智能合约是一类可编程应用，在满足特定条件的情况下会自动执行。这些条件中包含复杂的、有条件的逻辑链条。智能合约验证交易各方可以履行承诺，随后用技术去管理信息交换，让所有承诺同时得到满足，从而几乎彻底消除所有交易方的风险。

- **时间戳（Timestamp）：**
  一种字符或编码信息序列，用于识别特定事件的发生时间点。通常包括日期和时间，有时甚至精确到毫秒。

- **信任协议（Trust Protocol）：**
  一种利用技术在去中心化网络中管理信任的机制。信任通过对工作量的验证或证明来建立，而工作不可篡改的特性和所有各方的共识巩固了信任。

- **虚拟现实（Virtual Reality，VR）：**
  一种由计算机生成的场景，可以模拟真实的体验。

湛庐CHEERS

未来，属于终身学习者

> 我这辈子遇到的聪明人（来自各行各业的聪明人）没有不每天阅读的——没有，一个都没有。巴菲特读书之多，我读书之多，可能会让你感到吃惊。孩子们都笑话我。他们觉得我是一本长了两条腿的书。
>
> ——查理·芒格

互联网改变了信息连接的方式；指数型技术在迅速颠覆着现有的商业世界；人工智能已经开始抢占人类的工作岗位……

未来，到底需要什么样的人才？

改变命运唯一的策略是你要变成终身学习者。未来世界将不再需要单一的技能型人才，而是需要具备完善的知识结构、极强逻辑思考力和高感知力的复合型人才。优秀的人往往通过阅读建立足够强大的抽象思维能力，获得异于众人的思考和整合能力。未来，将属于终身学习者！而阅读必定和终身学习形影不离。

很多人读书，追求的是干货，寻求的是立刻行之有效的解决方案。其实这是一种留在舒适区的阅读方法。在这个充满不确定性的年代，答案不会简单地出现在书里，因为生活根本就没有标准确切的答案，你也不能期望过去的经验能解决未来的问题。

湛庐阅读App：与最聪明的人共同进化

有人常常把成本支出的焦点放在书价上，把读完一本书当作阅读的终结。其实不然。

> 时间是读者付出的最大阅读成本
> 怎么读是读者面临的最大阅读障碍
> "读书破万卷"不仅仅在于"万"，更重要的是在"破"！

现在，我们构建了全新的"湛庐阅读"App。它将成为你"破万卷"的新居所。在这里：

- 不用考虑读什么，你可以便捷找到纸书、有声书和各种声音产品；
- 你可以学会怎么读，你将发现集泛读、通读、精读于一体的阅读解决方案；
- 你会与作者、译者、专家、推荐人和阅读教练相遇，他们是优质思想的发源地；
- 你会与优秀的读者和终身学习者为伍，他们对阅读和学习有着持久的热情和源源不绝的内驱力。

从单一到复合，从知道到精通，从理解到创造，湛庐希望建立一个"与最聪明的人共同进化"的社区，成为人类先进思想交汇的聚集地，与你共同迎接未来。

与此同时，我们希望能够重新定义你的学习场景，让你随时随地收获有内容、有价值的思想，通过阅读实现终身学习。这是我们的使命和价值。

湛庐CHEERS

湛庐阅读App玩转指南

湛庐阅读App结构图：

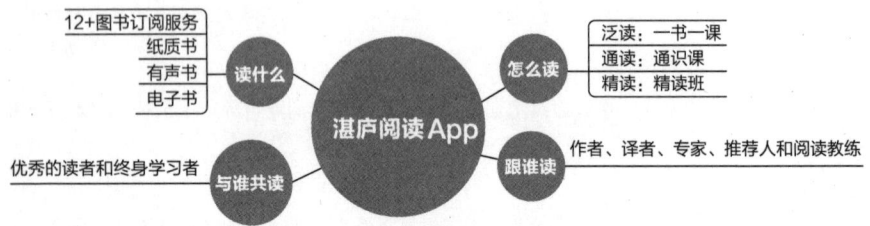

三步玩转湛庐阅读App：

App获取方式：
安卓用户前往各大应用市场，苹果用户前往App Store
直接下载"湛庐阅读"App，与最聪明的人共同进化！

湛庐CHEERS

使用App扫一扫功能，
遇见书里书外更大的世界！

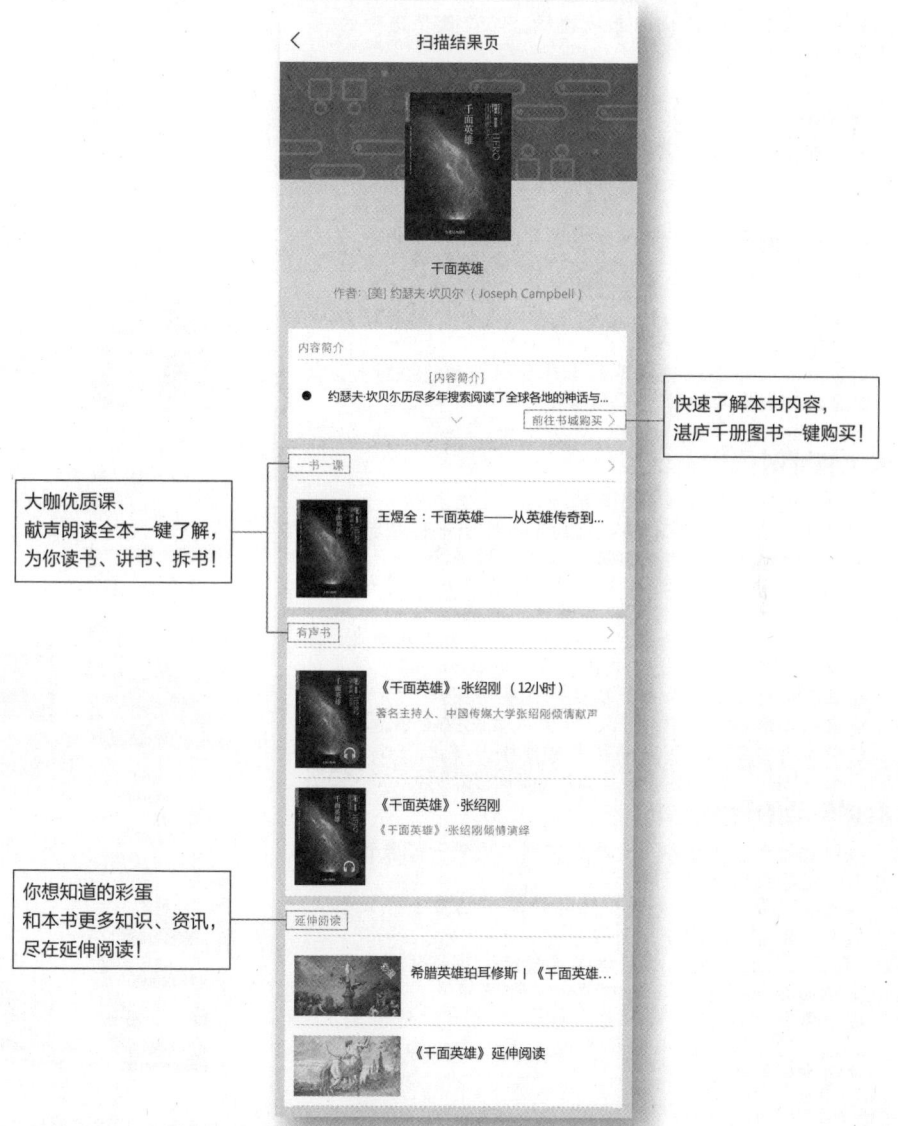

延伸阅读

《区块链的真正商机》

◎ 区块链价值落地引路人,全球趋势专家、Gartner 副总裁大卫·弗隆(David Furlonger)、克里斯托夫·乌聚罗(Christophe Uzureau)联袂力作。

◎ 不是一步到位的区块链落地捷径,而是价值进阶的寻宝图。

即将上市

《生命 3.0》

◎ 麻省理工学院物理系终身教授,未来生命研究所创始人迈克斯·泰格马克重磅新作。

◎ 与人工智能相伴,人类将迎来一个什么样的未来。迈克斯·泰格马克不仅以全景视角探讨了近未来人工智能对法律、战争、就业和社会带来的影响,还将目光投向了这场变革更为深远之处:在未来的 1 万年乃至 10 亿年及其以后,我们能否与人工智能实现共生与繁荣?

◎ 引爆硅谷,令全球科技界大咖称赞叫绝的烧脑神作。兼具思想性和易读性,人人都可读懂的未来指南。

ISBN 978-7-5536-7278-6

《人工智能时代》

◎ 智能时代领军人,硅谷传奇的连续创业者杰瑞·卡普兰重磅新作!《经济学人》2015 年度图书!拥抱人工智能时代必读之作,引爆人机共生新生态。

◎ 当机器人霸占了你的工作,你该怎么办?机器人犯罪,谁才该负责?人工智能时代,人类价值如何重新定义?卡普兰在《人工智能时代》一书中从企业、税收和保险等机制上构建起了一个有益的经济生态,让社会中的每一个人都能从技术发展中获益。

◎ 中国人工智能学会理事长、中国工程院院士李德毅,创新工场首席执行官李开复专文作序。

ISBN 978-7-213-07260-4

《数据驱动的智能城市》

◎ 纽约前副市长史蒂芬·戈德史密斯与哈佛大学教授苏珊·克劳福德联袂巨献。

◎ 阿里巴巴集团前副总裁、红杉资本中国基金专家合伙人车品觉担任翻译,全程导读。

◎《数据驱动的智能城市》为构建智能城市提供了一个清晰的框架,围绕 6 大方面——智慧市民、智慧环境、智慧经济、智慧人才、智慧政府、智慧理念。纽约、芝加哥、波士顿等智能城市先行者已亲自验证这个框架的可行性。

ISBN 978-7-213-09141-4